サイボウズ株式会社 代表取締役社長
青野慶久［監修］
サイボウズチームワーク総研［著］

「わがまま」がチームを強くする。

朝日新聞出版

はじめに
――「わがまま」は変革へのきっかけ

サイボウズ株式会社代表取締役社長　青野慶久

「わがまま」という言葉には、どうしても悪いイメージがつきまといます。

しかし、「私は○○がしたい」「私は○○が欲しい」といったわがままは、本当にいらないものでしょうか。


私たちサイボウズでは、**「わがままは『楽しく働くためのヒント』であり、『社会を変えるかもしれないアイデア』」**だと考えています。

むしろ、**「わがままを引き出すから、競争力がつく」**のです。

そのことがつかめると、会社の見え方だけでなく、社会の見え方も変わってきます。


今日のビジネスシーンでは、社員が希望する働き方を受け入れられない組織は、職場としての魅力をなくし、社員を十分採用できない状況になっています。

経営者が「もっと長時間働け」とか「集中して働け」といくら強要したところで、結局、社員が辞めてしまったら、それまでです。

また、飛躍的に生産性を上げようと思ったら、歯を食いしばって耐えるのではなく、いままでになかった大胆なアイデアを出し合い、ダイナミックに仕事のやり方を変えていかなければいけません。

そんなアイデアの原石が、他でもない「わがまま」です。

一人ひとりのわがままをしっかり引き出していかなければならないというのが、サイボウズの考え方です。

「わがまま」は、一人ひとりのこだわりの証であり、変革へのきっかけでもあります。

社員にとって、「わがまま」を引き出してくれる会社は、めちゃくちゃ楽しい会社です。自分が自分らしくいられて、自分のアイデアが業務に反映される――そんなワクワクする場所だからです。

サイボウズの2005年の離職率は28％。

年間で4人に1人が辞めている会社でした。

しかし、現在の離職率は、7分の1に下がって、約4％。

売り上げは、33億円から134億円（2019年）へと大きく成長しました。


この間、**サイボウズがやってきたことは、「一人ひとりの『わがまま』を引き出して、いかに幸福度と生産性を上げるか」という試行錯誤**です。

もっと楽しく働くにはどうすればいいか、もっと楽に働くにはどうすればいいか、日々、社員の希望を聞きながらチャレンジをしてきました。


では、どのようにすれば、たくさんの「わがまま」をチームの力へと変え、幸福度と生産性を上げていくことができるのか——。

本書では、グループウェア（チーム内の円滑な情報共有などをサポートするためのソフトウェア）の開発・販売を手掛けるサイボウズが実践し、10年以上培ってきたチームワークのノウハウを解説していきます。

第1章では、「わがまま」の重要性を確認しつつ、チーム力を高めるための基本的な考え方を解説します。

第2章では、誰もが「わがまま」を言えるようにするためのアプローチ方法を解説します。

第3章では、「わがまま」をより建設的なものへと変えていくためのノウハウを解説します。

最後の第4章では、一人ひとりの「わがまま」を組み合わせて、組織の力へと変えていくための仕組みについて解説します。

チームの成長は、メンバー一人ひとりが「わがまま」を言い合うところから始まります。

ぜひ本書をヒントに、一つひとつの「わがまま」——自分はこれをやりたい——をチームの力に変えていってください。

私たち一人ひとりの「わがまま」こそが、新たな社会を創り出す原動力なのですから。

「わがまま」がチームを強くする。

目次

第1章 一人ひとりの「わがまま」がチームを強くする

第2章

チームで「わがまま」を言う練習をしよう

第3章

みんなの「わがまま」の交通整理をしよう

第4章

たくさんの「わがまま」で石垣のような組織をつくろう

編集協力　高橋和彦
ブックデザイン　山之口 正和（OKIKATA）

第1章

一人ひとりの「わがまま」がチームを強くする

わがままは「社会を変えるかもしれないアイデア」

なぜ、「わがまま」を引き出すと、競争力がつくのか。

私たちサイボウズチームワーク総研の答えはこうです。

それは、**多様化した価値観（消費者や労働者などのニーズ）**への対応が容易になるからです。

「わがまま」のおかげでできる豊かな生活

これまでも、**私たちの生活の多くは、いろんな人の「わがまま」がきっかけとなって、豊かになってきました。**


たとえば、洗濯機。

一昔前、多くの女性は、洗濯物を洗濯板にこすりつけながら手で洗っていました。

洗濯を手で行うのはかなり手間のかかる作業であり、重労働です。

当時の女性は、大きな声では言わないものの、きっと「洗濯大変だわ。もっと楽にできればいいのに……」と思っていたはずです。

でも、それを口にしようものなら、「わがまま」と言われたことでしょう。

なにしろ、手で洗うのが当たり前の時代ですから。

そんな女性の重労働を軽減しようと、戦後、日本の各メーカーでは電気洗濯機を開発。

家事労働の軽減に大きく貢献しました。

いまとなっては、家に洗濯機があるのは当たり前。

洗濯機を使っているからといって、「わがまま」と言う人は誰もいません。

では、食器洗浄機はどうでしょうか。

あなたのパートナーが「食洗機が欲しい」と言ったら、どうしますか？

「そんなわがまま言うな。手で洗え」と思うかもしれません。

でも、かつての洗濯機がそうであったように、私たちが「大変」「つらい」と感じるからこそ、「それをなんとか解決できないか」という気持ちが生まれるのでしょう。

わがままをないがしろにしないからこそ、現代のような豊かな生活が送れるようになったのです。

もし、私たちが「わがまま」でなかったら、いまもわずかな布で体を隠し、槍を持って狩りに出かける生活をしているかもしれません。

「わがまま」は社会を進化させる

「わがまま」は日常生活を豊かにしてくれるだけではありません。

社会や文化をも進化させる力を持っています。

たとえば、宅配便。

宅配便がなかった頃、個人が荷物を発送するためには、郵便小包か、鉄道を利用した鉄道小荷物しかありませんでした。

これらは郵便局や駅で発送しなければならず、鉄道小荷物は駅で受け取る必要がありました。

もし、その時代に「自宅に届けてほしい」なんて言ったら、「そんなわがままを言うな」でしょう。

けれども、いまはどうでしょう。

欲しい商品をオンラインで注文すれば、指定した場所・時間に持ってきてくれます。スキーやゴルフに行きたければそれらの場所へ、生鮮食品を送りたければ冷凍・冷蔵で運んでくれます。

逆に、宅配便が止まると物流が止まってしまいます。

宅配便はもはや、社会のインフラになっています。

ビジネスシーンだって、そうです。

たとえば2020年1月から2月にかけて、小泉進次郎環境大臣が育児休暇を取得し、大きな話題となりました。

一昔前だったら、「男性が育児のために休暇を取るなんてわがまま」と言われていたに違いありません。

実際、いまもそういう意見がないわけではありません。

でも、「女性ばかりに負担をかけるのではなく、自分も育児に参加したい。だから、育休が欲しい」という人たちのわがままによって、社会が大きく変わろうとしています。

保険関連企業（Wizleap）が2020年1月に行った意識調査によると、「小泉進次郎さんが育休をとったことについてどのような印象をもっていますか？」という質問に対し、約75％の人が「良いと思う（51・5％）」か「どちらかと言えば良いと思う（23・8％）」と回答しています。

転勤だってそうです。

一昔前（というより、いまも）、「転勤してくれないか」と上司に言われたら、まず、断ることができませんでした。

断るとしたら、会社を辞めなければならないぐらい、インパクトが大きいものでした。

でも、大きな声では言わないけれど、みんなどこかしらで思っているのです。

「え？　辞令が2週間前！」「ちょっと待ってよ」「こっちだって生活があるのに」「パートナーの仕事はどうすればいいの？」などと思うのは、悪いことでしょうか？

「本人の同意もなく、勝手に『転勤しろ』と命じるのはおかしい」というのが、サイボウズの社長である青野慶久の主張であり、わがままです。

日本労働組合総連合会（通称：連合）の会長・神津里季生氏との対談中に出たこの発言を、サイボウズが運営するウェブメディア「サイボウズ式」の記事で紹介したところ、ソーシャルメディア上では多くの「いいね！」を集めました。

大量生産・大量消費から多品種少量生産へ

戦後のモノがない時代から高度成長期まで、日本のビジネスモデルは一貫して「大規模な工業化による大量生産・大量消費」でした。

洗濯機・掃除機・冷蔵庫、そしてカラーテレビ・クーラー・自動車が売れに売れた時代には、ある一定以上の同じ品質の製品を大量につくることが求められました。

つまり、みんなが個人のわがままを抑えて、みんなが同じ時間内に同じつくり方で同じモノをつくるというのが、企業の競争力の源泉だったのです。

個人としても、わがままを言わずに決められた通りにやっていれば、モノは売れるし給与も上がって、生活が豊かになっていくと、誰もが実感していました。

しかしいまは、それがありません。

消費者の価値観が多様化していて、大量に同じモノをつくれば儲かる、一つの製品がみんなに喜ばれる、という時代ではなくなっています。

よく「多品種少量生産」と言われますが、大量生産・大量消費を捨てて、そういう形に変わっていかないと、企業は競争力を失う時代なのです。

多品種少量生産とは、つまり、「消費者それぞれのわがままに応える」ということです。

世の中にはいろいろなわがままがあって、それに対応できる企業だけが成長できるというわけです。

それなのに、社員のわがままを抑えていて、どうするんですか、という話です。

社員のわがままに応えられない会社が、柔軟な発想が求められる多品種少量生産に対応できるとは思えません。

「わがまま」こそが、企業の競争力の源泉

社長の青野は、タオルの生産量が日本一の愛媛県今治市出身なので、よく「今治タオル」の例を出します。

青野が子どもの頃は、今治市のタオルの生産量は5万トンほどで、日本のタオル生産量の半分以上もつくっていました。

彼の友だちのお母さんたちもたくさんタオル工場に勤めていたそうです。

ところが、円高で工場が中国に移転して、今治のタオル産業は空洞化。

今治市のタオルの生産量は1万トン、5分の1に落ち込みました。

そこまで来て、地元業者はようやく「変わらなきゃ」と腹を決めました。

そして、クリエイティブディレクターの佐藤可士和さんを招へいし、今治タオルというブランドをつくりました。

そのうえで、**「高品質なものしかつくらない、多品種少量生産でいこう」**と、ベビーグ

ッズやタオルマフラー、ぬいぐるみ、寝具など、いろいろな商品をつくっていったのです。一つひとつはそれほど大量に売れるわけではありません。

けれども、今治タオルの品質やブランド価値が高まって、高単価で売れた結果、生産量は5分の1のままですが、売り上げ金額は飛躍的に伸びました。

さて、今治タオルの成功の理由は佐藤可士和さんを起用したことでしょうか。

確かにそれも大きな要因でしょうが、「わがままにある」というのが青野の解説です。

今治タオルにどんな価値をつけてどんなふうに売るのか。

それを考え実現するには、当たり前ですが、いろんな人のいろんなアイデアが不可欠。いままでタオルをつくってきた人には発想できないアイデアが求められます。

たとえば、「私はベビーグッズをつくりたい」と、**現場でわがままを言う人が現れない限り、そこに「ニーズがある」ということにさえ気がつかなかったかもしれません。**

近年、世の中の経営者がこぞって「社内のダイバーシティ（多様性）が大事だ」と言うようになりました。

日本で、大量生産・大量消費というビジネスモデルが通用しなくなったからこそ、多品種少量生産や高単価に結びつく、一人ひとりのアイデア――つまり、わがまま――が求められています。

もちろん、中国やインドなど、大量生産・大量消費のビジネスモデルが通用する、人がいっぱいいて同じモノがいっぱい売れる国は、まだたくさんあるでしょう。

でも、日本はもはやそういう国ではなくなっています。

いま、日本の社会は、少子高齢化、人口減少に直面しています。

いままでの働き方、いままでの価値観のままでは、会社の競争力は落ち、経済は右肩下がりでしぼんでいくかもしれません。

これまで以上に、私たち一人ひとりの「わがまま」を、会社を、社会を変えるきっかけにしていかなくてはなりません。

社員のわがままは、楽しく働くためのヒントであり、社会を変えるかもしれないアイデアです。

わがままこそが、企業の競争力の源泉なのです。

わがままは「欲望」や「理想」のあらわれ

私たちは、「わがまま」に対して抱く印象を変えていかなくてはなりません。

ずっと悪者扱いだった「わがまま」

「わがまま」という言葉から感じられるイメージを尋ねたら、多くの人はきっと「自分勝手」と答えるだろうと思います。

「あなたはわがままですね」と言われたら、何となく、嫌な気分になることでしょう。

「あー、悪いことしちゃったな」「そんなに、自分のことを主張したかな？」と思うかもしれません。

そんなネガティブな印象があるがゆえに、私たちはいままで、できるだけ周りの人から

「わがまま」だと言われないように振る舞ってきました。

時には、我慢をしたり、自分の本心にフタをしたりして……。

たとえば、一昔前の多くの学校では、「髪の毛の色は黒でなければならない」「野球部は坊主でなければいけない」「下着の色は白でなければいけない」「体育では、女子はブルマーでなければいけない」といった、さまざまな「ルール」がありました。

そして、そのルールを破ると、先生や風紀委員から「そんなわがままは許さん！」と怒られました。

もちろん、学校の秩序を守るために、ある程度のルールは必要かもしれません。

けれども、「こうあるべき」が強すぎるがゆえに、理不尽な思いをすることもありました。

地毛が茶色で、先生に「何で地毛なのにダメなんですか?」と言っても、「わがままを言うな。黒髪がルールだから、黒く染めなさい」と強要されることさえありました。

ブルマーだって、そうです。

「ブルマーは恥ずかしいから嫌だ」と言おうものなら、「みんなブルマーだから」という理由で一蹴されていました。

この「地毛のままでいたい」というわがままは、悪いものでしょうか？

「ブルマーは恥ずかしい」と思うことは、いけないことでしょうか？

大きな声では言えないけれど、「本当は、○○だったらいいのに……」という気持ちは、誰しもが抱いたことがあるはず。

そういう本心は、別に「悪くない」と思うのです。

一昔前は「わがまま」と言われた、これらの学校のルール。

近年は「ブラック校則」と呼ばれ、見直す学校も出てきました。

たとえば、岐阜の県立高校では、生徒の人権を守る観点から、ブラック校則を見直す方向だといいます。

人はそれぞれ関心を持つ分野が違う

まず前提として、「人はそれぞれ関心を持つ分野が違う」ということを理解したいところです。

お金に関心がある人、住む場所に興味がある人、着る服にこだわる人、同じスポーツ好きでも、やるのが好きな人もいれば、見るのが好きな人もいる。

人々の関心事を数え上げたら切りがありません。

それぞれの人の関心はそれぞれに違っていて、まさに100人いれば100通りでしょう。

世間一般では悪者として扱われている「わがまま」も、それらの関心の一形態にすぎません。

それぞれの関心は、それぞれの「こうありたい」という方向性――「欲望」や「理想」――のあらわれです。

つまり、わがままの本質が欲望だからこそ、すべての人が持っていて、すべてが異なっていて当然なのです。

みんなの関心が同じであれば、わがままという概念自体が存在しなくなります。

たとえば、強欲と批判された某投資家。

すべての人が「お金への関心が強い」ならば、「もっとお金が欲しい」という要求に対して、「それはわがままだ」という意見は出てきません。

一方、「お金よりも大切なことがある」といったお金への関心が高くない人がいるからこそ、「何でお前はそんなにお金を求めるんだ」という意見、「お金を欲しがる＝わがまま」というマイナスの評価が出てくるわけです。

「私は週1日しか働きたくないけど、年俸1000万円欲しい」と要求する社員がいたとします。

果たしてそれは悪いわがままなのか。

世の中には、実際にそういう人がいるし、週1日よりもっと少なくて、もっと稼いでいる人もいます。

ということは、週1日労働で年俸1000万円という要求自体は、ぜんぜん悪くありません。

「それに見合うだけのスキルを高めて、会社の役に立ってください」というだけの話です。

その人のわがままが実現することで、世の中が幸せになって、自分がハッピーになるのであれば、何の問題もないでしょう。

つまり、ここから導き出される結論は、**「わがままには、いいも悪いもない」**という原則です。

他人のわがままを阻害するわがままは「悪いわがまま」

ところが、世の中には、「他人のわがままを阻害するようなわがまま」も存在します。

そのような**「わがままには、いいも悪いもない」という原則自体を否定するわがままだけは、「悪いわがまま」と呼んでいい**と思います。

たとえば、「選択的夫婦別姓」の問題。

社長の青野は、結婚後の別姓を認めるように国を相手に訴訟を起こしました。

結婚したらどちらかが名前を変えろというルールは手間もかかるし、仕事のうえで非常に困る。

だから名前を変えないで結婚する「選択肢」をください――というのが彼の要求です。

それに対して、「わがままだ」との非難が少なくありません。

確かに「別姓にしたい」というのは青野のわがままでしょう。

ただし、同姓にしたい人は同姓にすればいいし、別姓にしたい人は別姓にすればいいと言っているだけなのです。

つまり、「選択肢をください」というわがままは、他の人のわがままをまったく阻害していません。

では、「これまで通り、みんな同姓にしろ」という要求は、どうでしょうか。

いわば、「選択的夫婦別姓を認めたくない」というわがままです。

このわがままは、明らかに、別姓にしたい人のわがままを阻害しています。

そのようなわがままがまかり通る社会――つまり、個人の選択肢を認めない社会――

は、いろいろな人のわがままが叶わなくなる社会です。

そのような同調圧力が強い環境下では、個性を発揮できません。

会社でも同じです。

先に「わがままこそが、企業の競争力の源泉」と述べました。

創造的な仕事を望むのであれば、お互いに「他人のわがままを阻害するようなわがまま」を慎み、まずは人それぞれの「わがまま」を認め合うところから始める必要があります。

本当のわがままは「Ｂｅのわがまま」

「自分はこれをやりたい」といったわがまま――欲望・理想――を、それぞれが持ち寄ることによって、チーム全体の競争力は確実に高まります。

「Ｄｏのわがまま」と「Ｂｅのわがまま」

わがままには、**Ｄｏ＝「これをしたい」**もあれば、**Ｂｅ＝「こういう自分でありたい」**もあります。

たとえば、「こんな仕事をしたい」というのはＤｏのわがまま。

それに対して、「幸せな自分でありたい」とか、「人にやさしい自分でありたい」というのがＢｅのわがままです。

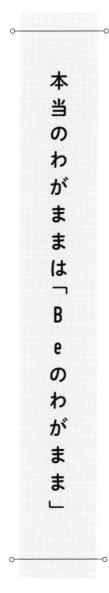

子どもの頃、誰もが将来の夢を尋ねられると、「プロ野球選手になりたい」などと具体的な職業名を言ったり書いたりしたはずです。
「幸せになりたい」などといったBeの理想は、ほとんど言ったり書いたりしなかったでしょう。

でも、本当にその子が望んでいるのは、Doを通してBeを得ることだったりします。最近は「ユーチューバーになりたい」という子どもが増えているそうですが、そういう子の「いま現在」の正直な気持ちは、「人気者になりたい」や「楽しいことをいっぱいしたい」などでしょう。

つまり、**心の奥底にある本当のわがままは、Beの理想や欲望だったりする**わけです。

大人も同じです。
具体的な行動や目標でなくても、人は、その人なりに「自分はこうありたい」という理想を持っています。
ただ、Doにとらわれすぎると、自分の本当のわがままを見失って、望んでいないものを言ったり書いたりしがちです。

けれども、**人が本当に求めているのは、Ｄｏの理想の深層にあるＢｅの理想を実現すること**なのです。

数年前からサイボウズが取り組んでいる「１００人いれば１００通りの働き方」という人事制度やチームマネジメントの手法は、まさに、社員それぞれのＢｅのわがままに着目して、それに答えようとするものです。

社員たちが発信するさまざまなＢｅのわがままが、いまのサイボウズを形づくっているのです。

たくさんの「わがまま」を集めて、「石垣」をつくる

サイボウズが目指してきたのは、お城の「石垣」のような組織です。**どれ一つを取っても同じ形がない、いろんな石が絶妙な組み合わせではまっているからこそ、とても長持ちする――そんな石垣（組織）を目指しています。**

「何でもやります」は組み合わせにくい

石垣をつくるには、最初に何をするのか。

まず、**ちゃんと一つひとつの石の形を確認しないと、石垣は積み上げることができません。**

チームづくりも、これと同じです。

一つのチームをつくろうというときには、初めに一人ひとりがどんな人間か確認してお

かないと、決していいチームにはなりません。

そして、**その人がどんな人かを知るには、「何を望んでいるの?」と、その人のわがままを聞き出すのが一番手っ取り早いし、的を射ています。**

たとえば野球チームをつくるなら、まず希望のポジションを言ってもらえばいい。ピッチャーをやりたい人とキャッチャーをやりたい人を組み合わせればいいし、ピッチャーをやりたい人が2人いて、キャッチャーをやりたい人がいないとなったら、2人のうちどちらかをキャッチャーとして鍛えるか、新しい人を募集するか。

前提に個人のわがままがあって、初めてチームづくりの問題点や方向性が見えてきます。

ですから、「どこのポジションでもやります」という人だらけだと、チームをつくりやすいように見えて、じつはかえって難しくなるわけです。

そういう場合は、「でも、何となくでもやってみたいポジションがあるよね?」と、しつこく聞く。

そうしたら、必ず、わがままがあるはずです。

もちろん、「どこのポジションでも、試合に出られるだけで心の底から幸せなんです」という人もいます。

ただし、それも時間が経つと変わっていきます。

試合に出られるようになってくると、「今度は、ピッチャーをやってみたい」とか、ちゃんとわがままが出てくる。

そうした**一人ひとりのわがままを常に確認し続けることも重要**です。

石は変わらないけど、意志は変わる

石の形は変わりませんが、人のわがままは変わるものです。

ダジャレのようですが、石は変わらないけど、意志は変わる。

一度積み上げた石垣はその形を変えることはありませんが、チームは個々のメンバーの変化によって、全体の形が変わることだってあるのです。

ビジネスの場合、時間とともに求められるモノやサービスが変わっていきます。そのため、組織は常に新しく変わっていかないといけません。環境の変化に適応して、あるいは時代を先取りして、組織の形を新しく組み変える。

その連続なのです。

そのたびに違うわがままがぶつかるのだから当然、摩擦も出てくる。

そこは議論で乗り越えるしかありません。


石を積むときにはガツガツと鈍い音が出る。

ピッチャーが2人いたら、どっちが先発するかで揉める。

会社も社内のチームも、それと同じです。

きれいに、音もなくできあがることはありません。

つまり、わがままの衝突はベストな組み合わせを見つけるための必須のプロセスです。

裏返して言えば、**ベストな組み合わせの強い組織は、わがままを議論することでしかつくれない**というわけです（議論の仕方は第3章で解説します）。

いまは、昔のようにみんながみんな一個のポジションしか果たさないという時代ではなくなってきています。

転職を繰り返す人も多いし、同じ会社の中でも、兼務しながらいくつかのチームに参加する人もいます。

もちろん、同じ石垣の同じ位置で一生終えたいという人もいます。

そうした多様性を前提にして、変化し続ける組織づくりが求められているのです。

企業理念は「みんなが共感できるわがまま」でなくてはならない

石垣のような組織をつくるときには、石垣の完成形がはっきりしていないと、うまく石を組み合わせて積み上げていくことはできません。

では、**石垣の完成形はどのように確認すればいいでしょうか。**

そのためにあるのが「企業理念」です。

サイボウズには、「チームワークあふれる社会を創る」という企業理念があります。

共感とは、「他者のわがままを自分のわがままに重ねる」こと

企業理念の例えとしては、フラスコの口がわかりやすいかもしれません。

理科の実験で使うフラスコです。

会社は、フラスコのような入れ物だと思ってください。

フラスコは、寸胴《ずんどう》型のビーカーと違って、口の部分が細くなっています。この細くなった部分が、企業理念です。

フラスコ（会社）の中では、細い口を通じて加えられたさまざまな物質——つまり、いろいろな人のわがまま（行動やアイデアなど）——が融通無碍《むげ》に混ざり合って化学反応を起こします。

そして、物質がフラスコから出ていくときも、細い口を通っていきます。

フラスコの口（企業理念）は、入口であり、出口です。

化学反応の過程がどうであれ、最終的には企業理念というフラスコの口に向かっていく。

会社という組織の中で、さまざまなわがままを議論して判断や決定を下すとき、誰一人として、企業理念というフラスコの口を通らずにアウトプットすることはできないわけです。

フラスコの口を通って出てきたわがままは、石垣を構成する一つひとつの石です。

要するに、石垣の完成形を表す企業理念は、「みんなのわがままの共通解」でなければならないわけです。

だからこそ企業理念は、全社員が共感できるものでなければなりません。

共感とは、「他者のわがままを自分のわがままに重ねる」ということでしょう。

企業理念は経営者が決めて、単に会社のホームページに掲げておけば大丈夫というものではありません。

そんなふうに言語化して掲示しても、**社員の心の中に企業理念への共感がなければ、何の意味もありません。**

企業理念は「経営者のわがまま」と一致している場合がほとんどですが、社員の共感を得ている状態においては、それは経営者個人のものにとどまらない、「組織のわがまま」になります。

つまり、いったん共感を得た企業理念は、経営者自身も壊すことのできないフラスコの口になるのです。

社内のチームでも同じです。

「こんなチームでありたい」というのは多くの場合、チームリーダーのわがままと一致するでしょう。

でもチームメンバーがそれに共感したら、その瞬間からリーダーのわがままではなく、チームのわがままとなって、それに反するリーダー自身のわがままは、もはや認められなくなります。

ただし、一度形づくられたこうした「原理」は、ともすると前例や既存のルールに縛られる組織の硬直化や閉鎖性にもつながりかねません。

そうならないためにも、**組織を構成する人たちの「共感」の有無を常に確認し続けることが重要**になります。

企業理念は、一回つくればそれで終わり、という類《たぐ》いのものではないのです。

「魅力的なわがまま」であれば、魅力的な人材が集まってくる

前節で「企業理念は『みんなが共感できるわがまま』でなくてはならない」というお話をしました。

そんな人々の心を動かす魅力的な企業理念を掲げ、かつそれを実現するために日々の企業活動をしていくことは、社員の「採用」に大きく影響します。

なぜなら、**企業理念が明確であればあるほど、それに共感した人しか会社に入ってこなくなる**からです。

野球チームで言うなら、勝ちたい人だけが集まるようになります。

絶対的な企業理念など存在しない

いまのサイボウズには、「チームワークあふれる社会を創る」という企業理念に共感した人たちが、たくさん集まっています。

企業理念に魅力がないと、会社の採用力は高まりませんし、競争力も高まりません。

ですから、経営者だけでなく社員一人ひとりも、企業理念が魅力的なものになっているか、社員一人ひとりのわがままと重ね合わせられるものになっているかということを常にチェックする必要があるでしょう。

場合によっては、まったく新しい企業理念に変える、あるいは会社を去るという選択も出てくるはずです。

サイボウズの「チームワークあふれる社会を創る」という企業理念がどんな形であれ、常に社員のわがまま――つまり欲望――の中に散らばっていなければ、それは単に言葉だけのまがい物になってしまうでしょう。

社員一人ひとりが思い描く「チームワークあふれる社会」の具体的なイメージが違っていてもいいのです。

会社がよくなっているとか、学校がよくなっているとか、病院がよくなっているとか、いろんな人がいろんな想像をしてかまわない。

「チームワークあふれる会社」をイメージした場合でも、大企業を想像する人もいるだろうし、中小企業を想像する人もいる。

そんな多様性があるけれども、一人ひとりが掲げられた価値に共感しているからこそ、結果として出てくるところは一つのフラスコの口、というのが企業理念なのです。

やや回りくどい言い方になってしまいましたが、**根本的な考え方はいたってシンプルで、人間は一人ひとりいろんな欲望を持っている——それがベースです。**

ですから、企業理念が心の中にありながらも、会社を動かそうとする人もいれば、動かさない人もいていい。

とにかく「こうあらねばならない」という考えにとらわれずに、いろんなわがままを自由に出し合って、議論したい人が「どうしようか」とオープンに議論する。

ただそれだけなのです（オープンな議論の仕方については第3章で解説します）。

いまのサイボウズは、社長の青野の「いいグループウェアをつくって世界中に普及させたい」というわがままから始まりました。
そして、「チームワークあふれる社会を創りたい」と言い出しました。
彼はそれを数年かけて語り続けて、語るだけではなくて、さまざまな働き方を認めていった。
その過程で、共感する社員が増えてきて、結果として、それが企業理念になったのです。

大事なことは、企業理念にしろ、働き方にしろ、いまが最終形ではないということです。

社員が幸せであれば続いていくし、幸せでなくなれば社員が離れていって、また変わっていくしかありません。

たとえば、いまでこそ批判されるようになった「大量生産・大量消費」というビジネスモデルや「終身雇用・年功序列」といった日本的経営も、たくさんの人の幸せをつくっていた時代が確かにありました。

いまでも適応できる分野や国・地域があるでしょう。

いちがいに悪いとは言えません。

でも、残念ながらそこで働く人たちを幸せにできなくなっているのなら、やはり変えたほうがいいわけです。

「会社の規模拡大」を目指した結果が離職率28%

「はじめに」で青野がお話ししたように、いまでこそサイボウズの離職率は約4%と、ほとんどの社員が働き続ける安定した状態になっていますが、2005年ごろの離職率は28%と、年間で4人に1人が辞めていくというひどい状況でした。


そのときに掲げていたサイボウズの目標は、「規模拡大」だったのです。

もちろん、企業理念と呼べるようなものではありません。

当時、社長に就任したばかりの青野は、「上場企業なのだから、なにしろビジネスを拡大させることが自分の責任である」と思い込んでいました。

「規模拡大」というのは、社員の共感が得られない理想の典型でしょう。

加えて、さまざまな企業を買収して企業規模を拡大していったものの、業績は伸びなかった。

なので、離脱する人がたくさん出ました。

社員がどんどん辞めていく会社に、一体感があるはずもありません。

残った社員は「次は誰だ？」とか「自分もそろそろ……」とか、いわば疑心暗鬼になっている。

ますます業績がついて来なくなりました。

青野は、そんな状況を招いた自分に失望して、非常に「内省」したそうです。

それは**「自分は、本当は何がやりたかったのか」**という自問自答でした。

つまり、**「私のわがままは何だろう」**という問い。

青野は当時をこう振り返ります。

「サイボウズの規模を拡大しようと言ってきたけれど、本当に拡大したかったのかと改めて問い直したら、答えはノーだったんです。

みんなを便利にするいいグループウェアをつくって世界中に広げたい、というのが私の本当のわがままだった。

その答えは、自分の中から湧いてきただけではなくて、社員と話しているうちに気づかされたことでもありました。

たとえば、グーグルに負けないグループウェアをつくりたいと熱く語る開発のメンバー。

これは彼の個人的なわがままですが、私はすごく共感して、応援したい、それができる環境をつくりたいと思った。

また、営業の人がこんな報告をしてくれたとき。

グループウェアを買ってくれたお客さんの会社の風通しがよくなって、すごく楽しかった、もっと売りたいですと。

これも、いわばわがままですが、聞いてうれしいと思ったし、そんな営業の人が頑張れる環境をつくりたいと思った。

そんなやり取りを繰り返すうちに、自分の本当にやりたかったことは、いいグループウェアをつくって世界中に広げたい、ただそれだけだったんだと気づくことができたわけです。

自分のわがままが明確になったおかげで、『チームワークあふれる社会を創る』という現在の企業理念ができました」

「わがまがかみ合わない人たち」が去ることは、不幸ではない

企業理念というのは、組織における欲望や理想なので、そこに所属する全社員にとっての共通のわがままです。

つまり、チームの全メンバーが共有しているわがままである以上、メンバー個々のわがままよりも上位に来るわけです。

企業理念と組織の維持、どちらが重要か？

先ほどの野球チームの例えで言えば、「こうやれば試合に勝てる」という各選手のわがままはあり得ても、「負けたい」というわがままはあり得ません。

ところが日本の会社では、野球チームにおける「勝つ」に相当するような企業理念がそ

もそもない、あるいは形だけになっていたり、社員の共感を得ていなかったりする組織が少なくありません。

多くの会社で明確に示されるのは、せいぜい「来年は売り上げ5%増を目指しましょう」といった単なる数値目標でしょう。

売り上げ5%増という理想に対して、社員は心を動かしてくれるでしょうか。

みんなが本当に達成したいと思ってくれるでしょうか。

会社全体の売り上げを5%伸ばすなんて、一人の働く人間としてはどうでもいいことであって、お金のことで言えば、むしろ「来年、自分の暮らしがどうなるのか」といったことのほうに心は動くはずです。

お金以外に社員の心を動かす理想がない会社は、組織の根幹が揺らいでいる状態と言えます。

最上位に来るはずの憲法にみんなが共感していない国家が滅びるように、理念なき会社はきっと滅びるでしょう。

たとえば、パナソニック（旧・松下電器）の創業者、松下幸之助さんは有名な「水道哲学」を唱えました。

松下幸之助さんは社員たちに「いい電化製品を水道のように安くつくって、日本を豊かにするんだ」と、常にリーダーとして、松下電器が目指すべき理想を語り、それが全社員にとって共通の理想（企業理念）になっていたのです。

ところが、松下幸之助さんが亡くなった後は「組織だけが残って、その後のトップたちはあまり理想を語らなかった」とパナソニック出身の青野は言います。

もちろん、2018年に創業100周年を迎えたパナソニックはいまも健在で、「A Better Life, A Better World」というブランドスローガンを掲げています。

でも、松下幸之助さんが語ったそれのように全社員の心を動かしてくれる理想は、まだ掲げられていないのかもしれません。

会社は、その組織の根幹となるわがままを、その時々に応じて再提示していかないといけません。

それができないと、社員はもちろん、経営者自身でさえ「自分たちは何を目指していたんだろう」と途方に暮れてしまうでしょう。

自分で自分の人生を選べるようにする

サイボウズの場合、規模拡大という目標に共感していた社員もいた状態で、「グループウェアに絞る」という新たな理想を掲げました。

実際に、買収していた9社のうち8社を売却しました。

売り上げは3分の1に減りました。

原点回帰ではあるけれども、もちろん、いまいるメンバー全員が共感するかどうかはわからない。

当然、「サイボウズに入ったらいろんなことをやれると思っていたのに」と、失望する社員も少なからずいて、彼らは会社を離れていきました。

彼らのわがままは、残念ながら叶えられなくなった。

それは「ごめんなさい」と謝るしかありません。

やはり、**会社という組織においては共通の理想——企業理念——が一番大事**なのです。

「これからはグループウェアに絞る」という宣言は、「何でもやっていいよ」と言っていたスポーツクラブが突然、「これからは野球専門のクラブにします」と方針を変えたようなものです。

「ラグビーをやりたかった」という人は、残念ながら活躍できる場がない。

サイボウズでは、方針転換後、そんな入れ替わりの期間が何年か続きました。

その期間を経て、共通の理想がより明確になって、いまでは「チームワークあふれる社会を創る」という企業理念に共感する社員しかいなくなっています。

ここ10年で社員数が4倍ほど増えましたが、一体感はむしろ高まっています。

もちろん、自分の理想と会社の理想が一致しなくなって、会社を離れることは決して不幸なことではありません。

野球部にいながらラグビーをしたいと思っている人のほうが、よほど不幸でしょう。

ラグビーをしたい人はラグビー部に行けばいいし、ラグビー部を自分でつくることもできます。

人にはそれぞれのわがままがあるし、わがままは常に変わるものです。

ある程度、わがままが満たされると、「次はこういうことをやってみたい」というわがままが生まれてくる。

それは自然なことでしょう。

いまの会社に残ってそのわがままを実現するか、別の会社に移って、あるいは起業して実現するか、社員により最適な「人生」を選んでもらうためにも、会社は、組織としての理想を明確に打ち出さなくてはなりません。

繰り返しになりますが、企業理念をはっきり示すことによって、それに共感する新入社員しか入ってこなくなります。

結果として、離職率が大幅に低くなって定着率が高くなって、組織としての一体感がどんどん増していくのです。

「わがままを出せる組織」では、ビジネスモデルもどんどん変わる

わがままがどんどん出せる会社になると、一人ひとりのアイデアによって、ビジネスモデルの変化までもが勝手につくられていきます。

多くの会社では、わざわざ新規事業部などをつくって、ビジネスモデルの開発に取り組みますが、結局は鳴かず飛ばずで、どうでもいいビジネスしか出てこないということも多いのではないでしょうか。

でも、そんな部署をわざわざ立ち上げなくても、勝手に新規事業のアイデアが出てくるし、ちゃんと実績も残せます。

いろんな人のわがままを見える化する

サイボウズでは、社内のグループウェアの中に「ファイヤースターター（Firestarter）」という、みんなが自由にわがままを書き込める場があります。

内容的には、新しいビジネスのアイデアの投稿もありますが、福利厚生などに関する改善提案もあります。

たとえば、「社員の健康を守るために、インフルエンザの予防注射ができるよう、会社に医師を呼んだらいいんじゃないか」といったことが書き込まれる。

毎年、流行の時期に総務部が「受けに行ってください」と告知しているのですが、そうではなくて、「だったら、会社のお金で医者を呼べばいいじゃん」というわけです。

実際、このわがままがきっかけになって、社内での予防注射が実施されるようになりました。

いまサイボウズには、美大生が描いた絵画が飾られていますが、これもファイヤースターターに上がった「会社に絵を飾りたい」という提案を採用したものです。

提案した女性の言い分は、「いつもと同じ風景だとコミュニケーションは生まれません。絵が一つあるだけで会話のきっかけになります。これから羽ばたいていく美大生の活動支援にもなります」というものでした。

いろんな人のわがままを見える化することは、ビジネス面だけでなく、組織全体のダイナミズムにつながるのです。

企業理念の実現のためなら、何でもできる

たとえば、2008年のリーマンショック以降の4年間、サイボウズの売り上げは横ばいで伸び悩んでいました。

リーマンショックの影響もあったのですが、世界的なビジネスモデルがパッケージソフトウェアをつくってCDで売るというものから、インターネット経由でソフトウェアを提供するクラウドサービスへと移り変わってきた影響のほうが大きかったのです。

残念ながら、多くの会社はその変化についていけずに消えていきました。

けれどもサイボウズは、2011年11月ごろにクラウドサービスを開始して、再び売り上げを伸ばすことができて、今日に至っています。

いま、売り上げの7割ほどがクラウドサービスという状態です。

なぜ、サイボウズはタイミングよくビジネスモデルを転換することができたのか。

それは、社内にわがままを言う人がいたからです。

本来の業務とは関係ないけれども、クラウドの技術をずっとウォッチしている社員がいて、社長の青野の耳元で、「そろそろクラウドが来ますよ、私にやらせてください」とささやき続けていました。

「サーバーの価格の下落を見てください、そろそろ採算が合いますよ。うちも早くやるべきです」などと、マーケットニーズもつかんで、青野に提案する人たちが、ほんの少数ですが、ちゃんといたのです。

その情報や他社の動向などを踏まえて、青野はどこでクラウドサービスに舵を切るのかというタイミングを見計らっていました。

開発するのに2年ほどかかりましたが、結果的に、いいタイミングでビジネスモデルを転換できたというわけです。

青野は当時をこう振り返ります。

「リーマンショック後の売り上げが伸び悩んでいた状況で、大きな投資が必要なクラウドをやらせろというのは、ある意味、空気を読まないわがままです。でも、クラウドをやらせろと平気で言い続ける社員がいてくれた。そのおかげで決断できたのだと思います」

じつは、**本書を書いている「サイボウズチームワーク総研」も、社員のわがままから出発した事業です。**

「チームワークあふれる社会を創る」という企業理念を掲げているとはいえ、青野の頭の中では、グループウェアをつくってチームワークを高めるという発想しかありませんでした。

ところが、

「社会のチームワークを高めるためには、広く情報発信しなくてはいけない。

それには、オウンドメディア（企業などが対外的に情報発信する目的で所有する媒体）が必要です。私にやらせてください」

と言う人が出てきたわけです。

そんな一人の社員のわがままから立ち上がったのが、いまも続く「サイボウズ式」というオウンドメディアです。

ご承知のように、多くの会社でオウンドメディアはうまくいっていません。

でもサイボウズ式は、いまも人気のサイトの一つとして、チームワークあふれる社会のためのメディアということで、一定のポジションを築いています。

そのサイボウズ式から派生して、2017年から始まったのがチームワーク総研なのです。

「チームワークあふれる社会を創る」ために、人事制度やメソッドに関する研修やコンサルティングなどの事業を企業向けに展開しています。

2019年には、一般向けの出版事業も開始しました。

その他にも、サイボウズのエントランスには「サイボウズ商店」というオリジナルグッズを販売するショップがあります。

「パートナーとかお客さんとかに集まってもらうイベントで一体感を高めるには、オリジナルグッズが必要です」と言い出した社員がいて、実際にイベント会場で売ってみたら、すごく売れました。

そこで、社内にお店を出したというわけです。

「チームワークあふれる社会を創る」ためだったら、何でもやれる——サイボウズの社員の頭の中は、いまそんなふうになっているようで、次に誰が何を言い出すか、まったく予測できません。

まさに「多様」な状態になっています。

第2章

チームで「わがまま」を言う練習をしよう

ちょっとした違和感を口にするところから始めよう

ここまでお話ししてきたように、**チームの競争力を高めるためには、メンバー一人ひとりの「わがまま」が欠かせません。**

とはいえ、どうやってそれぞれのわがままを引き出したらいいのでしょうか。

わがままを言いにくいのは、なぜか？

いきなりチームリーダーが一人ずつ呼び出して、膝づめで「さあ、わがままを言ってみろ」と促したところで、当たり前ですが、なかなか率直に話せるものではありません。

仮に話したとしても、リーダーの顔色を見ながら無理矢理言わされたわがまま（理想）を「じゃあ、一緒に実現しよう」と言われたところで、その人のモチベーションは、ほとんど上がることはないでしょう。

では、なぜわがままを言いにくいのか。

それは、自分のわがままが他の人の共感を得られるかどうか、実際に言ってみないとわからないという側面があるからです。

わがままを言った瞬間、感情的に怒られるかもしれないし、途中ではしごを外されるかもしれない……。

そんな状況では、わがままが言いにくくて当然です。

まして、多くの日本人は「わがままは悪いもの」と言われて育ってきています。

そのため、まずは、そう思っている心のブレーキを解除する必要があります。

近年注目されている「心理的安全性」の問題です。

つまり、何を言ってもその人の立場などが脅《おびや》かされない、その人がそう思っているという事実だけが受け止められる――そういう心理的安全性が確保されている状態でないと、なかなかわがままは言えないものです。

心理的安全性がないと、「今日は疲れたので帰っていいですか」といった、ひと言すら

言えないわけです。

「心理的安全性」が確保されない状況での対処法

ところが現実的には、わがままを言う側は相手の反応を見ながら、いちいち心理的安全性を確認しながら発言せざるを得ないという会社が多いのではないでしょうか。

そのような会社では、一歩間違えたら評価が下げられる、浮いてしまうリスクがありますから、やはり確認しながら、慎重にわがままを言ったほうがいいと思います。

でも、まったくわがままを言わないということも避けたほうがいい。

前章で紹介した「多品種少量生産」という時代の流れに乗り遅れてしまいます。

あなたがチームリーダーなのであれば、なおさらです。

一歩ずつ前進したほうがいいと思うし、少しずつでもわがままを言い続けたほうがいいでしょう。

いわば、**「わがままを言う練習」**です。

そのときに意識してほしいのは、**「自分のわがままが組織に貢献するかどうか」**です。

とはいえ、難しく考える必要はありません。

会社内のルールでわかりにくいと思うことがあったら、それを質問という形で、口にしてみるといいでしょう。

たとえば、サイボウズに中途入社したメンバーから、「有給休暇の付与日数は、どのようなルールで定められているのでしょうか」と質問が出たことがありました。

当時は、前職の勤続年数が長い人ほど有給休暇の日数が増える仕組み（最大20日）だったため、想像よりも有給休暇が少ないと感じたようです。

これがきっかけになり、サイボウズでは、労務担当が中心になって議論を進め、「前職の勤続年数にかかわらず一律20日」と有給休暇のルールが変更されました。

このような他のメンバーのメリットにもつながる質問であれば、周囲からも受け入れられやすいのではないでしょうか。

どんな小さなことでもいいので、まずは違和感を口に出すことで、自分も幸せになるし、周囲にも貢献できるという実感を、自分の中で積み重ねてみてください。

チームで議論して、一つの理想を掲げてみる

前節で、「自分のわがままが組織に貢献するかどうか」が大事と言いました。この組織への貢献を考える際に、手がかりになるのが企業理念です。

つまり、**「わがままの判断基準は企業理念」**です。

たとえば、サイボウズには、企業理念として掲げている「チームワークあふれる社会を創る」という究極の目的（理想）があって、そこに立ち返ることで、「何をしたら組織への貢献になるのか」を考えることができるようになっています。

企業理念が、社員がわがままを言う際の指針にもなっているわけです。

企業理念が明確でない会社での対処法

どこの会社にも、こうしたいつでも立ち返って議論できる明確な企業理念があればいいのですが、残念ながらそういう会社ばかりではないでしょう。

仮に企業理念を掲げていても、社員はもちろん、経営陣すら、それに共感していない会社も多いのではないでしょうか。

では、そのような会社で働いている場合にはどうすればいいのか。

社長が変わらない限り無理と、あきらめていては、それこそ何も変わりません。

そこで、**まずは、自分が所属している部署やチームという小さな単位で、「わがままを言い合っても大丈夫」という雰囲気を徐々につくっていくことをおすすめします。**

たとえば、雰囲気が悪いチームでは、「うちの会社はこれだからダメなんだ」というように、つい、不満やネガティブな発言をしてしまうことが多いものです。

そこで、あなたが所属しているチームの、一番話しやすい人に、「私たちのチームも、何でも言い合える雰囲気だといいのにね」などと、あなたが「本当は、こうだったらいいな」と思っていることを伝えてみる。

こうした、小さな行動を始めることによって、あなたの意見に賛同する人が少しずつ集まってきます。
賛同する人が集まったら、その何人かで議論して、一つの理想を掲げてみる。
そして、その理想をチームに広げてみる。
このように、ステップ・バイ・ステップで、雰囲気づくりを進めていきます。

企業理念は、社内で何かを判断するときに立ち返る上位概念ですが、チームの理想も同じです。

つまり、チームが目指す理想が明確であれば、チームのリーダーもメンバーも判断に迷ったときに、そこに戻って考えたり議論したりすることができるようになるわけです。

いま明確な企業理念がない会社でも、そうしたやり方に共感するメンバーが少しずつ増えていくことで、**「そもそもこの会社は何を目指したらいいのか」**といった企業理念にかかわるような議論が可能になってくるはずです。

「Ｂｅのわがまま」で考える

サイボウズチームワーク総研の研修では、「自分が所属するチームをどういうチームにしたいか」という理想を、それぞれが付箋に書いて、ホワイトボードに貼り出して議論するというワークショップをよくやります。

「みんなが何でも言い合う風通しのいいチーム」や「営業から頼られるチーム」など、いろいろな理想が出てきますが、そうやって思っていることを改めて言語化し、整理してみると、「じつはみんなが同じようなことを目指していた」ということがわかったりします。

それをチームリーダーがまとめて概念化すれば、みんなが共感できるスローガンになるわけです。

ただ注意してほしいのは、売り上げなどの数値目標は決してスローガンにならないということ。

あくまでも「どうありたいのか」という、前章で説明した「Ｂｅのわがまま」でチームのスローガンを考えるようにしましょう。

会社では、売り上げなどの数値目標でコミュニケーションすることが多くなりがちです。

「予算は？」とか「売り上げが悪い」とか、そういう会話がいつも飛び交っている。でも当たり前ですが、数値には想いがこもっていないので、迷ったときにそこに立ち戻って議論することはできません。

ですから、まずは数値の呪縛を解き放つ必要があります。

チームのみんなでスローガンを決めるときには、「数値目標以外で」という条件付きで、それぞれの理想を語ってもらうようにしてください（数値の呪縛については、第4章で改めてお話しします）。

「なんだかわからない組織のルール」を疑ってみる

サイボウズでは、**「わがままの判断基準は企業理念」**と明確に示すことで、いろいろな人が働き方に関するさまざまなわがままを言い出すようになりました。

「外回り中に喫茶店で飲むコーヒー代が欲しい」はOKか？

いまでこそ、サイボウズ内には「チームワークあふれる社会を創る」という企業理念への共感が広がっていますが、初めからそうだったわけではありません。

この企業理念が掲げられた2014年当時、それ以前に入社した人たちにとっては、新しくできた概念なので、「別に反対する理由はない」という程度の反応でした。

15年以後に入社した人たちにしても、企業理念が最大の入社の動機というわけではありませんでした。

でも、この理念が掲げられて以降、希望すれば、いろんな働き方ができるようになりました。

その理由は、いきなり「共感」とはいかないまでも、少なくとも「共通の判断基準」にはなっていったからです。

勤務時間の短い人や副業をしている人、在宅で働く人などが増えると同時に、評価体系もどんどん変わっていきました。

評価は、必ず年1回の評定会議で全社員、個別にフィードバックされますが、それだけではなく、日常的にさまざまなフィードバックもあります。

そうしたサイクルが日々ぐるぐる回る中で、自身の働き方や評価の変化はもちろん、周りの人たちや環境の変化、会社の業績などを通じて、「この理念、このやり方でいいんだ」と、徐々に共感が深まっていったのです。

そして、多様なわがままを受け入れられる組織にどんどん変わってきたわけです。

たとえば、副業したいというわがままを受け入れて、2012年から社員の副業を全面解禁しました。

解禁するまでにはさまざまな議論がありましたが、副業によって、その人のスキルが上がったり人脈が増えたりするのなら、サイボウズにとってもプラスになるのではないかという判断です。

さらに、2017年からは「複業採用」を始めました。

他社の社員や個人事業主を対象に、もう一つの仕事としてサイボウズで働いてもらおうという取り組みです。

また、サイボウズの大阪オフィスと松山オフィスは、「実家に帰りたいから拠点をつくって欲しい。つくってくれないなら辞める」という社員のために、辞められたら困るからと、わざわざ設立したものでした。

そうしたら、大阪オフィスは2019年の時点で30人を超すメンバーが所属するほど、活況を呈しています。

営業の若手社員から「外出中に喫茶店でかかった費用を経費精算させてほしい」というわがままが出てきたときには、さすがに中堅社員からの反対が少なくありませんでした。

「とんでもない。それくらい自分で払え」というわけです。

ただ、彼にもちゃんと言い分がありました。

「コーヒーを飲みたいのではなく、仕事をする机と充電する電源が欲しくてコーヒー屋に入っている。だから業務の一環として認めてほしい」という説明です。

結局、「企業理念に沿った活動に一分一秒、惜しみなく使うためには必要」という判断になって、会社がコーヒー代を出すことになりました。

○―「昔からそうだから」「みんながやっていることだから」は通用しない

営業の空き時間に飲んだコーヒー代を経費として認める――そう最終的に判断したのは社長の青野です。そのときの青野の説明はこんな内容でした。

「これまで通り、コーヒー代は営業担当者の個人負担でいいというのは、ずっと自分たちがそうしてきた先輩たちの、ある意味、私利私欲ではないでしょうか。

『わがまま言うな』というのもわがままです。

そんな私利私欲をいったん脇に置いてください。

そして、企業理念の視点から考えてみてください。

彼はサイボウズのビジョンに向かってベストを尽くそうと、空き時間を使ってまで頑張ってくれています。

それは、サイボウズにとって間違いなくいいことでしょう。

コーヒー代で気持ちよく頑張ってくれるなら、安い投資ではないでしょうか」

中堅社員は組織の前例に縛られていたから、コーヒー代なんか出せるはずがないと考えました。

でも、「そのルール、誰がどういう理由で決めたの？」と改めて問われると、誰も答えられなかったりするわけです。

どこの会社にも、その組織の中でしか通用しない「なんだかよくわからないルール」というのがたくさんあります。

ただし、「昔からそうだから」とか「みんながやっていることだから」とか、そんな説明ではもはや誰も納得しない。

そういう時代になっているのです。

コンビニの24時間営業は当たり前か？

だからこそ、前例や既存のルールを疑ってみる必要があります。

たとえば、コンビニの24時間営業が見直されています。

きっかけは、本部のルールに反して「うちの店は深夜閉める」という、いわばわがままでした。

以前は、多くの人が24時間営業を当たり前だと思っていました。

けれども、人手の確保に四苦八苦している店長の過労や本部のさまざまな横暴が次々とニュースになったこともあって、「そもそも全部のコンビニが深夜も開けておく必要があるのか」といった既存のルールを疑う議論が沸騰したわけです。

ちなみに、2019年11月にサイボウズチームワーク総研がインターネットを使って「年末年始に働くこと」についての意識調査をした際に、「コンビニの大晦日から三が日の間の営業状況」についても質問したところ、回答者の8割以上の人が「完全休業でも良い

（21・9％）」もしくは「時短でも良い（62・4％）」と答えました。

24時間営業を当たり前とするコンビニのイメージはどんどん悪くなっています。

流通コストの問題があって、まだ抵抗があるようですが、このまま24時間営業を続けていたら、ますます従業員の採用が大変になって、店長たちのモチベーションも下がっていくことでしょう。

店長たちが我慢することによって隠蔽《いんぺい》されていた「搾取」の構造に、みんなが気づいてしまった以上、24時間営業というビジネスモデルから脱却できないコンビニは、この先、生き残れないのではないでしょうか。

裏返して言うと、店長たちのわがままをしっかり受け入れられるコンビニだけが生き残るということです。

私たちは、みんな「幸せに生きたい」というわがままを持っています。

だから、それが叶わない組織や場所からは人が離れていく――極めてシンプルな法則でしょう。

みんな暗い顔で働いているような会社に幸せがあるはずがありません。

そんな職場には、働く人だけではなく、お客さんだって寄り付かなくなるのです。

また近年、国連で採択されたＳＤＧｓ《エスディージーズ》（Sustainable Development Goals：持続可能な開発目標）が注目されています。

ＳＤＧｓは、「貧困をなくそう」「質の高い教育をみんなに」「安全な水とトイレを世界中に」など17の大きな目標を掲げています。

何も世界各国の政策だけの話ではありません。

投資家がＳＤＧｓへの取り組みを基準に「いい会社・悪い会社」を見分け始めています。

消費者もそうした目を持ち始めています。

消費する喜びの質が変わってきていて、たとえば、フェアトレードの商品。

ただ安ければいいではなく、開発途上国の人たちの幸せのためになるなら、多少高くてもこっちを買おうとなってきています。

日本の市場規模は、先進諸国に比べるとまだまだ小さいのですが、そのほうが自分も幸せな気持ちになれると、ようやく日本の消費者も気づき始めたようです。

「説明責任＋質問責任」で、言いにくいことを言いやすくする

「言いたいことが言えない」雰囲気の会社では、当たり前ですが、なかなか建設的なわがままは出てきません。

サイボウズでは、社員みんなが「上司に文句を言っても大丈夫」と思っているし、実際、何を言っても何の問題もない。

ですから、建設的なわがまま——たとえば、上司に率直に改善を求めるなど——がどんどん出てきます。

それを可能にしているのが**「質問責任」**と**「説明責任」**という概念です。

疑問に思うことは悪いことではない

サイボウズでは、全社員に、「質問責任」と「説明責任」が求められています。

説明責任はよく言われることですが、質問責任のほうは聞きなれないかもしれません。疑問に感じたことがあっても、上が抑え込むという会社は少なくないでしょう。たとえば、「なぜ転勤させるんですか?」とはとうてい聞けない。転勤に文句を言ったら、サラリーマン人生の終わりという雰囲気。

「転勤しないんだったら、この会社にはいられないぞ」といった有言、無言の圧力があったりします。

「そんなのは、おかしい」というのがサイボウズの考え方です。

言いたいことが言えない会社では、「自浄作用」が働きません。

何も問題が解決せず、不満だけがたまって、職場の雰囲気がどんどん悪くなっていく。

離職率28%時代のサイボウズはまさにそんな感じでした。

その反省から、**「おかしいと感じたことは、何でも言ってください」**と、全社員に求めるようになった。

それが質問責任です。

さまざまな質問があってこそ、説明責任を果たさなければいけないとなって、ようやく自浄作用が働くようになります。

議論に参加したほうが共感度は上がる

サイボウズの社員は、長期計画などを議論する経営会議に出て、社長に直接「おかしいじゃないですか」と意見を言ったり質問したりすることもあります。

普通の会社だと、経営方針に対する文句などは居酒屋どまりではないでしょうか。社員同士が「あれはおかしい」と、お酒を飲みながら愚痴って、おしまい。

それを防ぐために、サイボウズでは社長に直接言える仕組みになっています。

居酒屋で愚痴るのと経営会議で議論できるのと、どちらが健全か。

答えは明らかでしょう。

「質問したら、説明してくれて共感した」というほうが、やはり納得感も高いはずです。

社長と議論したからといって、経営方針が変わることはないかもしれない。

けれども大事なことは、それが決まる前に議論に参加したというプロセスです。

自分も決定のプロセスに参加すると、経営方針に「主体性」が加わります。

その瞬間、単に上から降ってきたものではなくなり、他人ごとではなく自分のこととして、共感できるようにもなるわけです。

権利であり、義務でもある

質問責任というのは、権利であると同時に、サイボウズの社員が守るべき「義務」でもあります。

ただし、**「義務＝強要」ではありません。**

もちろん、興味や関係のないことに対しては、質問をしなくてもかまいません。

わざわざ義務化したのは、放っておくと、個人のわがままよりも、いわば組織の論理——慣習や前例が典型で、社長の青野は「モンスター」と呼んだりします——のほうがどんどん強くなって、社員たちは知らず知らずのうちに、疑問を自分の中で抑え込み、まるでそれが当たり前のように振る舞うようになるからです。

そのようになっている会社に、もはやイノベーションは期待できません。

日本では、質問責任を果たすトレーニングをする機会があまりにも少ないのではないでしょうか。

だからこそ、質問責任と説明責任をセットにして、義務化する必要があるわけです。

また、これは議論を建設的に進めるうえで、とても大事な考え方ですので、第3章（129ページ）でも改めて詳しく説明します。

「ザツダン」なら、わがままも言いやすい

サイボウズでは、1対1で話し合う「ザツダン」の時間を自由に設定していいことになっています。

仕事の進捗を確認したり問題点を相談したりというよりは、文字通り、そのとき思いついたことをおしゃべりする雑談の時間です。

わがままを言いやすい空気をつくる

ザツダンを繰り返していると、だんだんお互いの親密さが増してきます。
そうすると、自然にチームの中にわがままを言いやすい空気が広がっていきます。

仕事の状況も個人の状態も、日々変わります。

「週1回、30分」といったルーティン化にとらわれず、毎日、ザツダンしたほうがいいと思います。

どれだけ時間をかけて掘り下げるかは時と場合によりますが、何か変化を感じたら、気軽に「大丈夫？」などと声をかける。

そんな毎日のコミュニケーションが大事です。

「こんなことがあった」「こんなふうに感じた」「明日はこうしたいと思う」といったことを気軽に話してもらえるように、リーダーが「今日はどうだった？」などと声をかける。

そうすることで、メンバーのモチベーションが下がっていないか、仕事とプライベートのバランスがとれているか、幸せを感じているかといったことが確認できるようになります。

もちろん、何も口頭でのザツダンという「スタイル」に固執する必要はありません。

グループウェアの中にザツダンの掲示板をつくってもいいし、要点が整理された文書でのやり取りでもいいし、ホワイトボードに付箋を貼りながら、議論してもいい。

大事なのは、メンバーが腹落ちするような方法で対話することです。

それぞれのチームでそれぞれのやり方を考えればいいし、何も会社全体が一つのスタイルでコミュニケーションする必要はありません。

ザッダンから見つかるヒントも多い

たとえば、サイボウズでは、プロジェクトマネージャーの研修の一環として、ソフトウエアの開発チームのコミュニケーション方法を聞くことがあります。

一見、関係ないように思えますが、営業などのチームリーダーのヒントになることも、けっこう多いのです。

これまでのソフトウエア開発は「ウォーターフォール型」と呼ばれる仕事の進め方でした。

クライアントが要求する仕様に応じて、詳細な設計を行い、プログラミングしたり試験を行ったりするという、滝のように上から下に落ちてくる直線的な流れで作業していました。

ところが最近は、「アジャイル型」と呼ばれるやり方に変わってきています。

アジャイルというのは「俊敏な」「素早い」という意味で、開発の途中で仕様や設計の変更があることを前提に、クライアントと何度もすり合わせや検証を重ねながら仕事を進めていくというやり方です。

そして、「スクラムマスター」と呼ばれるチームリーダーがそのやり取りをまとめていきます。

ラグビーのスクラムのように、うまくチームとクライアントが一体になって動かなければ、いいソフトウェアは開発できないというわけです。

そんなソフトウェア開発の手法の変化を聞くと、営業など開発以外のチームのコミュニケーションも、大事なことは一緒だなと感じます。

人と人とのコミュニケーションというのは、まさにお互いの状況が日々変わることを前提に、そのたびにアジャイルな対応が求められる世界なのでしょう。

だからこそ、お互いの状況をざっくばらんに話ができるザツダンが大事とも言えます。

チームのメンバー誰とでも自由にザツダン

ザツダンは、リーダーとそのチームのメンバーの間でだけ行われるものではありません。

チームのメンバー誰とでも自由にザツダン、が大事です。

サイボウズでは、「ちょっとザツダンいいですか?」「ああ、いいよ」という感じで、特に構えることなく、社内のあちこちでしょっちゅう行われています。

文字通り、ただの雑談です。

さらに言うと、どのチームリーダーも全員やっているかというとそうではありません。**「やる・やらないも自由」というのがサイボウズの基本です。**

ですから、ザツダンの時間を取らないからといってチームリーダーの評価が下がることはありません。

同じチームはないわけですから、やり方はそれぞれ違っていいし、比較できないので評価もできない。

サイボウズには、他と比較して評価するという発想自体がありません。

ただし、チームのメンバーから「うちのチーム、ザツダンやっていないけど、隣のチームはやっていて、何か楽しそう。私たちはなぜやらないんですか？」といった質問や提案が出たら、「じゃあ、やろう」と対応する。

あるいは、やらない理由を説明して納得してもらうということが、チームリーダーに求められているわけです。

わがままの裏にある「何をしたいの？」に注目する

「チームをよくしたい」という話し合いの中では、きっとチームに対する愚痴や文句が出ることでしょう。

愚痴や文句のようなわがままは、チームワークを阻害するように思われがちですが、そんなことはありません。

むしろ逆で、愚痴や文句の裏には、必ず「私はこういうチームにしたい」という建設的

な理想があるものです。

それを聞き出すまで、リーダーは「どうしてそう思うの？」「本当は、あなたはどうしたいの？」といった質問を重ねると、理想を話してくれるでしょう。

たとえば、75ページで紹介した、外出中に喫茶店でかかった費用が経費として認められるようになった一件。

「コーヒー代くらい会社が出せ」といういわば文句に対して、「会社がコーヒー代を出すと、あなたや会社にどんないいことがあるの？」と、リーダーが真摯《しんし》に質問を重ねた。

それに対して、本人が「チームワークあふれる社会を創る」という理想に向かって、より効率的に仕事をするために喫茶店に入るのだから、「仕事場を確保するためのコーヒー代は必要な経費だ」と、ちゃんと説明したわけです。

話し合いの中で、お互いが十分に質問責任と説明責任を果たすことで、愚痴や文句は、建設的なわがままに変わっていくのです。

第3章

みんなの「わがまま」の交通整理をしよう

企業理念があるから、わがままの良し悪しを決められる

メンバーから「Ｂｅのわがまま」が出るようになって、それぞれのモチベーションが高まるのはいいとしても、議論の収拾がどんどんつかなくなって、かえってチームの生産性が下がるのではないか。

そんな心配をする人も少なくないでしょう。

意見の衝突が頻繁に起こって、「無駄な時間」も増えそうです。

社長用の高級クルーザーは、なぜダメなのか？

もちろん、**自由にわがままが言えることと、そのわがままが実現するかどうかは別の問題**です。

そのわがままが、会社という組織の中で受け入れられるかどうか。

判断の基準は、シンプルに言うと「企業理念と重なるかどうか」にかかっています。

組織の共通の理想と重ねられるわがままなら受け入れられるでしょうし、重ねられないわがままなら受け入れられないでしょう。


たとえば、「在宅勤務をしたい」というわがまま。

サイボウズなら「出社できない時間でもグループウェアの開発や販売に取り組みます」という話であれば、「いいね、在宅勤務」となります。

それが単に、「出社するのが嫌なんです」という感情レベルの主義主張では、「チームワークあふれる社会を創る」という企業理念に重ねたくても重ねられません。

「じゃあ、会社を辞めたら？　ずっと自宅にいられるよ」としか答えられません。


「週3日の勤務にしたい」という人なら、「勤務しない時間は、こういう仕事をしてスキルを高めて、人脈もつくれます」とか「週3日になって、給与を下げていいです」とか、合理的な説明があれば受け入れられます。

「週3日勤務にして、いままで通り給与をください」となると、やはり「できません」となります。

会社に所属しているということは、自分の理想と組織の共通の理想とが重なっている状態です。

つまり、組織のわがままに自分のわがままを重ねられる人は、どんどんわがままが受け入れられていく。

重ねることができない人のわがままは、やはり受け入れられない。

「100人いれば100通り」とはいえ、**一つの組織である以上、企業理念という大きな枠組み――いわば、最上位にあるわがまま――を超えることはできません。**

そしてそれは、経営者も一社員も、まったく同じです。

青野は社長になってから3回、長期の育休を取りました。

社長だから反対する社員がいなかったのではなく、「チームワークあふれる社会を創る」という企業理念に合致しているからこそ、受け入れられたわけです。

サイボウズでは、会社のお金で社長用に高級クルーザーを買うことは共感されません。それは贅沢だからではなく、チームワークとまったく関係ないからなのです。

「チーム」と「グループ」は異なる

ここで、本書で「チームワーク」と言ったときの前提——チームとは何か——を確認しておきましょう。

サイボウズでは、会社という大きな集団や会社の中にあるさまざまな小さな集団を「チーム」と呼び、決して「グループ」とは呼びません。

なぜかと言えば、**グループは「単なる集団」で、チームは「理想を達成するための集団」**だからです。

たとえば、電車の一両にたまたま乗り合わせた人たちは、ただのグループ。

2019年のワールドカップでベスト8を目指したラグビーの日本代表のように、ある理想や目標のもとに集まっている組織がチームです。

「わがまま」という表現を使って表すなら、**「（自分たちの理想に照らし合わせて）わがままの良し悪しを決められる集団＝チーム」**、**「わがままの良し悪しを決められない集団＝グループ」**と言い換えることができます。

すでに見てきたように、会社には企業理念が必要です。

「こういう社会をつくりたい」「こういう価値を提供したい」という組織としての理想を達成しようとしている集団は間違いなくチームだし、チームワークによってそれを成し遂げようとしているはずです。

わがままをチームの力に変える「チームワーク5カ条」

サイボウズでは、チームワークを発揮する——わがままをチームの力に変える——ために必要な条件として、次の「チームワーク5カ条」を設定しています。

① 理想をつくる

②役割分担する
③コミュニケーションする
④情報を共有する
⑤モチベーションを上げる

この「チームワーク5カ条」は、組織心理学者で、チームマネジメントの専門家の山口裕幸先生（九州大学大学院人間環境学研究院教授）の研究などを参考にしてつくったもので、サイボウズの社内研修にも組み込まれています。

①の理想とは、メンバー共通の理想、会社全体で言えば企業理念です。

たとえば、サッカーチームの場合、「優勝するぞ」という人と「ベスト8でいい」という人、「楽しければいいよ」という人がチームに混在していると、チームとは呼べなくなります。

みんなが共感する理想をつくることが、チームワークには一番大事です。メンバーみんなが優勝するぞと思っていなかったら、そのチームは優勝できない。

優勝するという目標があるから毎日、一生懸命に練習できるし、上達もするわけです。

会社も同じです。

企業理念やスローガン、目標に社員が共感していなかったら、結局、モチベーションが上がらないので、それを達成することはできないでしょう。
②の役割分担では、各メンバーの強みと弱みを把握したうえで、それぞれが担う役割を明確にします。
ここで大事なのは、メンバー一人ひとりが、理想や目標を達成するために必要な自分の果たすべき役割をしっかりと認識していることです。

そして、メンバーそれぞれの役割がチーム全体で認識されていることも大事です。
③のコミュニケーションとは、メンバー同士が自分の考えや意見、思ったり感じたりしたことを伝え合うことです。
コミュニケーションは、メンバー同士のより適切な役割分担をするためにも重要です。

役割分担が明確なら、隣の人がどういう人か、何をやっているのかを知らなくても仕事に支障はないと思うかもしれませんが、それはまったく逆です。

適切な役割分担を実現するためにこそ、コミュニケーションが必要なのです。

そして、そのようなコミュニケーションを実現するための方法論が、次節でお話しする「問題解決メソッド」です。

④の情報共有とは、プライバシー情報やインサイダー情報以外の情報をすべてオープンにすることです。

情報共有というのは、案外、ないがしろにされやすい要素です。

たとえば、サッカーチームで、次の試合に関する情報をキャプテンだけが知っている状況では、練習内容や試合の戦略を立てることができません。

みんなが情報を共有しているから、みんなで次に備える練習ができるわけです。

ところが会社では、チームリーダーだけがその情報を知っているというケースがよくあります。

「情報格差」があっては、建設的な議論はできないし、判断や決定に対する納得感も生まれず、チームワークは成立しません。

ちなみに、「情報共有」と似た言葉に「情報伝達」があります。

情報を伝える人が限定されていて、伝える方向が一方通行なものが、情報伝達です。

一方、情報が常にオープンで、情報を知りたいと思った人が、知りたいときに、いつでも知ることができる状況になっているのが、情報共有です。

情報共有なら、オープンになっている情報に対する意見も共有することができるため、議論が起こりやすいという特徴があります。

例えるなら、情報共有はグループウェア、情報伝達はメールに置き換えると、わかりやすいでしょう。

⑤のモチベーションとは、理想を実現するためのやる気のことです。

「やりたいこと」「できること」「やるべきこと」が重なったときに、モチベーションは最大化されます（118ページで詳しく説明します）。

モチベーションは、チームワークを発揮するために必要な条件であると同時に、①〜④が行われた結果として得られるものでもあります。

魅力的と思える理想（わがまま）があり、その実現に向けて自分の強みを生かせる役割が持てたときに、モチベーションは上がります。

また、**丁寧なコミュニケーションと圧倒的な情報共有によってこそ、モチベーションの向上は可能になる**と、われわれは考えています。

遠慮なくわがままを言いやすくする「問題解決メソッド」

わがままとわがままがガツガツぶつかって摩擦が起きたとき、普通は上司とか人事担当者とか、社内のしかるべき調整役が乗り出してくるでしょう。

しかしサイボウズでは、**調整役がいなくても本人同士で解決できるように、「問題解決メソッド」というフレームワークをつくりました。**

大失敗に終わった合宿研修からの学び

問題解決メソッドとはどんなフレームワークなのか。

具体的な説明に入る前に、それが生まれたきっかけを簡単に紹介しておきましょう。

2006年にサイボウズで初めて、マネージャークラスを集めた合宿研修が行われました。

当時は、離職率が28%もあって、会社の雰囲気も悪く、業績も振るわなかった時代です。

そんな危機的な状況をどう立て直したらいいのか。みんなで知恵を出し合おうという狙いです。

ところが、まったくうまく議論できませんでした。

「開発が悪い」「営業が悪い」といった責任のなすり合いや「これって、単なるガス抜きじゃないのか」「自分たちを信頼していないのか」「現場の疲弊感をわかっているのか」といった経営陣への批判に終始して、何の解決策も出なかった。

それどころか、ますます雰囲気が悪くなった。合宿研修は大失敗に終わったのです。

その苦い経験から、**建設的に話し合うためには議論のスキルやフレームワークが必要**ということで、社長の青野と副社長の山田理《おさむ》が中心になって、本を読んだり外部の研修に出かけたりして、試行錯誤の末に生み出されたのが問題解決メソッドです。

建設的なわがままの言い方を共有する

これは、遠慮なくわがままを言いやすくするためのメソッドでもあります。

議論の仕方という前提が共有されているということは、つまり、建設的なわがままの言い方が共有されているということです。

だから、わがままを言いやすいのです。

わがままのぶつかり合いは、どうしても感情的になりがちです。

でも、議論の進め方をルール化して、みんながそれを共有していると、感情から事実を明確に切り分けることができ、お互いのわがままについて建設的に議論できるようになるし、クリエイティブな解決策を見つけられるようになります。

野球チームでいえば、ピッチャーをやりたいという選手同士が、「なぜやりたいのか」「どういう投球をするつもりなのか」といったことを十分に話し合って、「あなたが投げたほうが試合に勝てそうだから任せるよ」などと、お互いが納得のうえで決定するためのフレームワークということになります。

どうにもならなくなったら調整役が入りますが、それを最小限にとどめて本人同士で解決するというのがサイボウズのやり方です。

調整役が「だったら、あなたがピッチャーをやりなさい」と決めるよりも、本人同士が議論して決めたほうが、その決定に対する納得度が圧倒的に高いというのが、サイボウズの考え方なのです。

わがままから、ネクストアクションを導き出す

問題解決メソッドは、サイボウズの議論の文化に直結するフレームワークです。

サイボウズの議論の文化は、**「理想への共感」**、**「多様な個性を重視」**、**「公明正大」**、そして**「自立と議論」**という4つの言葉で表すことができます。

つまり、多様な個性を持つ自立したメンバーが公明正大に議論できる会社には、問題解決メソッドのような議論のフレームワークが必要であり、社員にはそのスキルが不可欠というわけです。

サイボウズでは、さまざまな議論が問題解決メソッドで行われています。

問題とは、理想（わがまま）と現実のギャップのこと

具体的に説明していきましょう。

図表1を見てください。

これが、「問題解決メソッドの概念図」です。

見てわかるように、**問題解決メソッドとは、要するに「問題を解決して理想とする状態を実現する」ための議論の手法です。**


まず、問題とは何か。


図表1にGap（問題）とあるように「Vision（理想）とReality（現実）のズレ、隔たり」のことです。

たとえば、人材採用の目標が80名の会社で、実際の採用人数が60名だったら、理想と現実の間に20名のギャップがある。

だから問題になって、「なぜ60名なのか、みんなで原因を探求しよう」ということで議論が始まるわけです。


第1章でお話ししたように、理想とは欲望のあらわれであり、わがままと言い換えることができます。

［図表1］問題解決メソッドの概念図

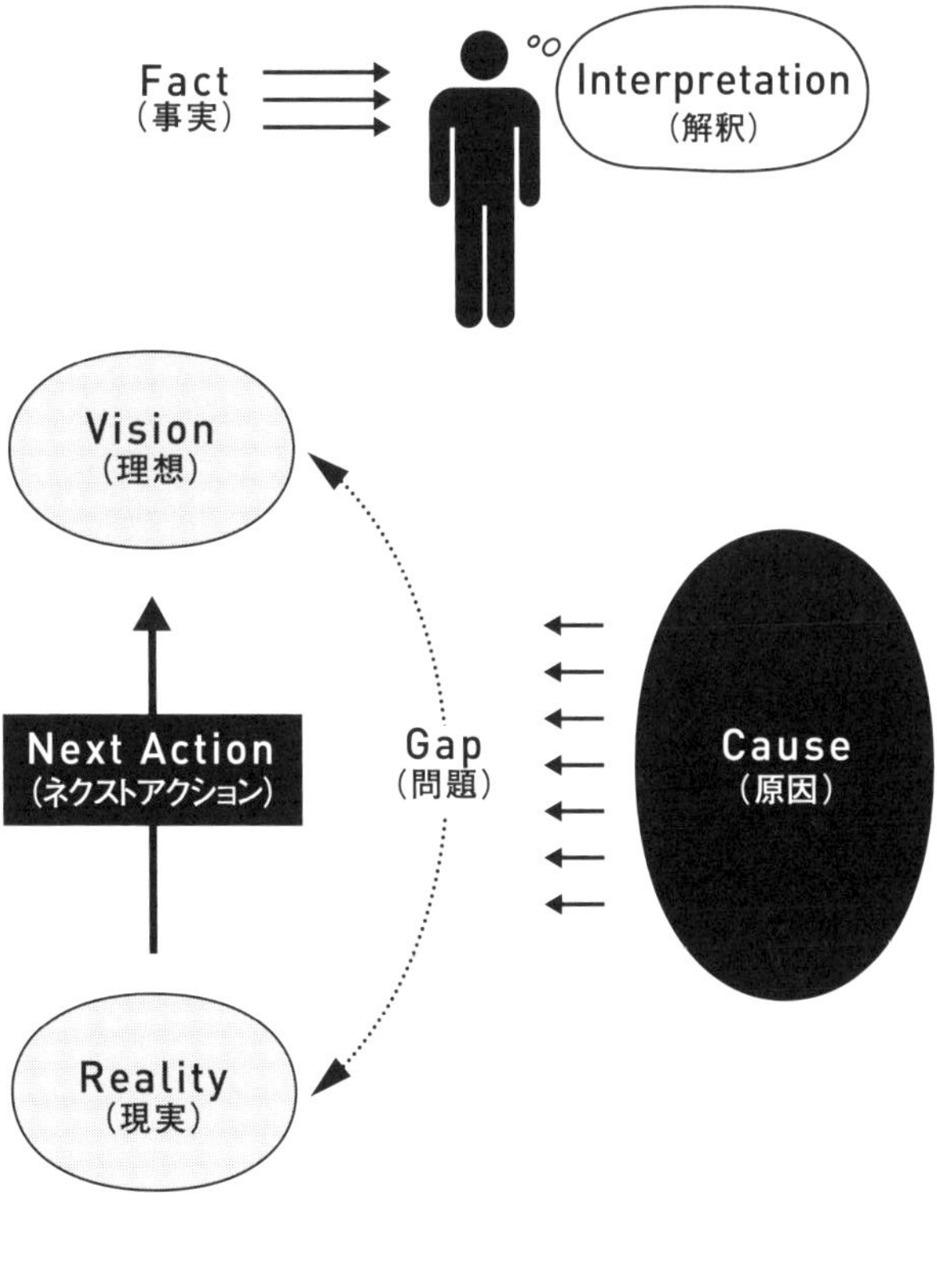

つまり、**わがまま自体が問題なのではなく、わがままと現実の間にある隔たりが問題な**のです。

問題解決の最も簡単な方法は、「理想を捨てる」ことです。

つまり、わがままを言わないこと。

しかしそれでは、何も新しいものが生まれてこなくなってしまうでしょう。

問題があることは悪いことではありません。

理想があるから問題があるのであり、個人・チームの成長には問題の認識――理想（わがまま）と現実のズレの確認――が不可欠です。

次に、Cause（原因）とは何か。

「理想と現実のギャップを引き起こしている事象や人の行動」のことです。

採用人数が足りない原因が「採用担当者がサボっている」ということもあるでしょう。

けれども、それだけが原因ではないでしょう。

人事制度が悪い、採用サイトが魅力的でないなど、人の行動以外のさまざまな事象も問題の原因になりえます。

もちろん、人事制度が悪いのはなぜか、採用サイトが魅力的でないのはなぜかと、さらに原因を探っていくと、人事担当者やウェブ担当者にスキルが足りなかったなど、人の行動に落とし込める場合が多いはずです。

原因は必ず複数存在します。

原因を引き起こす原因も存在するので、議論を通じて相関度が高い原因に焦点を絞る必要も出てきます。

原因を探求することで、より効果の高い解決方法を見つけることができるでしょう。

問題があって、原因があって、それを解決する方法がネクストアクション（Next Action）——理想と現実のギャップを埋める人の行動——です。

人事担当者やウェブ担当者にスキルが足りないなら、スキルが身につくトレーニングをしようとか、スキルのある人を採用しようとか、解決方法は必ず人の行動として提示します。

ネクストアクションで気をつけたいのは、その「実行者とスケジュール」を決めなければ意味がないということです。

「誰がいつやるか」を決定し、具体的に実行することで初めて理想は実現されます。

また、「コスト・効果」など、さまざまな観点から最適なネクストアクションを検討することが大切でしょう。

ネクストアクションが問題解決メソッドのゴール

問題解決メソッドを使って、会議の議題を共有すると、お互いのわがままについて建設的に議論でき、スムーズに会議が進むようになります。

また、サイボウズのグループウェア上には「モヤモヤ」というスペースもあって、文字通り、まだ問題とは言えないような「最近、どうも売り上げが上がらないなあ」といった「モヤモヤ」も書けるようになっています。

それがグループウェア上での議論によって、後で理想と現実に分けられて、明確な問題として議題になることもあります。

とはいえ、サイボウズの社員が仕事の会議で、常に問題解決メソッドを使っているかというと、ぜんぜんそんなことはありません。

むしろ大事なのは、「事実」「解釈」「現実」「理想」「問題」「原因」「ネクストアクション」といった、問題解決メソッドの言葉のエッセンスを日々の会話の中で使うことです。

たとえば、「売り上げがよくないんですよね」「それは解釈ですよね？　事実は何ですか？」とか、「現実はわかったけど、理想は何ですか？」といった具合です。

そうすることで、解釈の違いから余計な誤解が広がったり、堂々巡りで問題が明確にならずに、ネクストアクションがいつまでたっても出てこなかったりといった無駄な議論がなくなっていくのです（「事実」「解釈」については123ページで説明します）。

多数決は、わがままの採用を決めるのに向かないシステム

どのわがままを採用するかを決める際、最もよくないのが多数決です。

なぜなら、判断基準である理想（企業理念など）とわがままの関係についてきちんと議論されることなく、採用か不採用かが数の力で決まってしまうからです。

「問題解決メソッド」による建設的な議論を徹底する

多数決はいかにも民主的で、多くの人の幸せに対応しているように思えますが、じつは一人ひとりの幸せには対応できません。

特に、マイノリティ（社会的少数者）の要求（わがまま）の採用にはつながりにくい仕組みです。

また、多数決で決められたことがひとり歩きすると、先に述べた前例や既存のルールに

なりかねないという恐れもあります。

前例に縛られずにわがままを採用するには、「他の人のわがままを侵害しないわがままなんだから、少数意見でも採用しよう」と、多数意見に抗《あらが》って、決定権を持つ人が「エイヤ！」と決めなければならないこともあるでしょう。

サイボウズでは、何かを決定する会議のとき、決める人が事前に決まっている場合もありますが、議論しながら、決める人を決める場合もあって、時にはその人選だけに30分くらいかけて議論することもあるほどです。

では、どのように議論をすればいいか。

サイボウズの答えはこうです。

会議などでみんなが自由に思っていることを発言することは、大いに結構。

ただし、その活発なコミュニケーションから、ちゃんと前向きな結論が出るようにする──そのためにサイボウズでは、「問題解決メソッド」を使って、建設的な議論を徹底するようにしています。

リーダーが一人で役割分担を決めても、チームは動かない

徹底的に議論をする際に特に重要なのは、98ページで紹介した「チームワーク5カ条」の「①理想」と「②役割分担」です。

この2つの実現に最も時間がかかるし、かけていいものです。

たとえば、「多く発生しているクレームを少なくしたい」という理想の場合。「月に50件ある」という事実に対して、それをゼロにするのか、5件にするのか、半減するのか、という具体的な目標を設定するのは、それほど簡単ではありません。

どのレベルに目標を設定するのか。

リーダーが一人で決めてメンバーに号令をかけるのが手っ取り早いでしょうが、それでは、メンバーの共感が得られないし、積極的に動いてくれないでしょう。

理想や目標は、やはりチーム全体で議論して、メンバーみんなが納得するように決めることが不可欠です。

そして、決まった理想や目標を達成するために、メンバーそれぞれの役割分担を決めるわけですが、その役割に納得できなければ、積極的に動くはずがありません。

やはり話し合いで決める必要があります。

端的に言えば、**理想と役割分担を、時間をかけて納得感のあるものにするために、コミュニケーションと情報共有が必要です。**

これがしっかりできたら、メンバーの納得感を高められ、モチベーションも高まりますから、チームとしての成功にぐんと近づくというわけです。

最適な役割分担を決める「モチベーション3点セット」

サイボウズでは、役割分担を決める際、本人のモチベーションが最も上がる――パフォーマンスが最も上がる――役割を担ってもらうように、「モチベーション3点セット」を大切にしています。

「やりたいこと・できること・やるべきこと」を分ける

「モチベーション3点セット」とは、次の3つです。

①本人がやりたいと言っていること（Will）
②本人ができること（Can）
③会社がやってくださいとお願いすること（Must）

この3点がすべて結びついた仕事に対して、社員のモチベーションは最も上がると、サイボウズでは考えています。

①と②は本人のわがまま、③は会社からの要望——組織のわがまま——です。

会社がやってほしいことだけで役割分担を決めている会社が、案外多いのではないでしょうか。

本人の得意・不得意や希望を無視して、「君ならできる」とか「やっているうちに面白くなる」とか、人材の育成といった意味があるのかもしれませんが、本人に無理強いする根性論的な役割分担では、モチベーションが下がっていくだけでしょう。

また、たとえ会社の期待に応えて、その仕事ができるようになったとしても、自分がやりたいことと乖離《かいり》していたら、モチベーションは持続しないはずです。

やはり「①Will　②Can　③Must」の3つがそろっていてこそ、初めて高いモチベーションが維持できるのです。

サイボウズでは、そのような役割を担ってもらえるように、人事異動などを行っています。

たとえば、第4章で紹介する「マイキャリ」や「体験入部」といった仕組みも、こうした最適な役割分担を目的にして行っています。

チームの強みを伸ばすことに集中する

この「モチベーション3点セット」の考え方のベースには、人には、それぞれ得意・不得意があって、弱みを一生懸命に克服するよりも、強みを伸ばすほうが本人のモチベーションも上がるし、チームの最終的アウトプットを高めるという発想があります。

弱みをチームリーダーに伝えたときに、「努力しないで、途中で投げ出すのか」といった叱責が返ってくる会社も少なくないと思います。

しかしサイボウズでは、「不得意なら不得意と言っていい」「無理に頑張る必要はない」「できないことは、なるべく早く手放して、他の人に分担する」といった共通の認識があるので、むしろ「よく言った」となります。

どちらがモチベーションを維持できるのか。

答えは明らかでしょう。

ただし、チームリーダーだけがメンバーの得意・不得意を知っているのでは意味がありません。

やはり、メンバーみんながお互いの得意・不得意を把握している状態が望ましい。

得意・不得意をみんなに伝えるということは、つまり、お互いにわがままを言い合うということです。

これは、いわば情報の共有です。

普段の会話だけでなく、一人でずっとする仕事でも、進行状況をみんなに週1回報告するとか、常にグループウェア上でみんなが見られるようにするといった、わがままを共有する仕組みが必要でしょう。

そうすると、たとえば、「これ、止まっていますね?」「いや、資料をつくるのが遅くなっていて」「困っているなら、資料づくりが得意な人にやってもらいましょうか?」「じゃあ、お願いします」といった具合に、頼みやすい雰囲気になります。

それによって、より効率的な役割分担ができるわけです。


一方で、こういう考え方だと、みんなが不得意と言い出して、その仕事をやる人が誰もいないという状態になりかねない、と心配になるかもしれません。

でも、「誰もやりたくない仕事であっても、必ず誰かがやるしかない」ということを認識せずに誰かにやってもらうのと、認識したうえで、「申し訳ないが、やってほしい。できるだけ早く改善するようにするから」と言ってお願いするのとでは、仕事に対する意識が違ってくるはずです。


また、**誰もやりたくない、誰も得意じゃないということであれば、社内でその仕事をやることをあきらめて、社外にお願いするという選択もあります。**

メンバーの強みを伸ばすことが最終的アウトプットを高めるのと同じように、チームも、弱みの克服に時間や労力を割くよりも、「外部委託」を活用して強みを伸ばすことに注力したほうが最終的アウトプットは向上するのです。

「事実」と「解釈」を分けると、建設的な議論になる

図表1（109ページ）の上部にある**「Fact（事実）」と「Interpretation（解釈）」を分ける**というのも、議論を建設的なものにする大事な要素です。

自分の「解釈」しか出てこない話に気をつける

人は自分の解釈で話をすることが多いので、解釈と事実の違いを意識すること、およびその確認はとても重要です。

たとえば、「お客さんが怒っていて、やばいんですよ」とか「この提案、決まりそうですよ」などと、事実を伝えない解釈だけの報告。

それでも、「それは大変だ、どうしよう？」とあわてたり、「それはよかった」と喜んだ

りして、会話が成り立っているように見えるケースは少なくないでしょう。
しかし、解釈だけの会話では、それが事実か否かはわかりません。

やはり、そこでしっかりと「お客さんが何をどう言っていたのか」という事実を確認することが大事になってきます。

事実を確認すると、怒っていなかったり、何も約束していなかったりする。「このアプリのこの部分を改良してほしいという要望があった」とか「お客さんが3月に買うと言っていた」といった事実があって、初めて的確な対応ができるわけです。

4人のうち3人が同じことを思っていたら、「事実」として扱う

事実とは「五感で確認できる確からしいこと」、解釈とは「思ったこと、頭の中でつくり出したこと」です。

たとえば、「この部屋には人が4人います」というのは事実ですが、「この部屋には人がたくさんいます」というのは解釈になります。

4人が多いか少ないかは、まさにその人の思ったことでしかありません。

その2つを分けて議論するというのが問題解決メソッドの基礎です。

たとえば、「社内の雰囲気が悪い」という問題意識を持っているグループに、まず「現実を書いてください」と言って、一つずつ付箋に書いてもらいます。

「トップダウンだ」「社長が何でも決める」「自由な発言が認められない」など、いろいろな現実がホワイトボードに貼られていきます。

「じゃあ、事実と解釈を分けてみましょう」と言って、事実と解釈の違いを説明する。

すると、これまで、多くの企業で研修をしてきた経験では、8割がた解釈に貼られます。

「トップダウンだ」「社長が何でも決める」「自由な発言が認められない」も、文言としては事実がありません。

すべて「その人がそう思っている」という解釈です。

「社長と話す機会が年1回しかない」とか「会議で発言するのは9割がた上司」とか、そういう事実があって初めて、「トップダウンだ」とか「自由な発言が認められない」といった解釈にも、説得力が出てきます。

つまり、**事実がなければ、みんなが共有している本当の意味での現実とは言えません。**

「社内の雰囲気が悪いので、もっと雰囲気をよくしてほしい」という解釈の話だけでは議論になりません。

必ず「なぜそう思うのか？」という事実に基づく理由が必要です。

「会議で発言するのは9割がた上司だから」という事実があって初めて、メンバーみんなと問題が共有できるわけです。

ただ、どこまで事実として扱っていいかというのは、それほど簡単ではありません。

たとえば、定量調査の結果だけを事実として議論していたら、「社内の雰囲気が悪い」といった類《たぐ》いの問題は、なかなか前に進みません。

とはいえ、見た人や言った人が一人でもいたら事実という判断も乱暴でしょう。

サイボウズでは、たとえば4人で会議しているのであれば、そのうち3人が思っていることであれば、それを事実として議論しています。

「事実が良くて、解釈が悪い」というわけではない

「事実が良くて、解釈が悪い」というわけではありません。

人の感情——つまり、解釈——も大事というのがサイボウズのスタンスです。

事実と解釈の両方を共有することで、よりチームメンバー同士の共通認識が深まります。

振り返ると、大失敗した2006年のマネージャー研修は、この事実と解釈の切り分けがまったくできていませんでした。

「開発が悪い」とか「単なるガス抜きじゃないのか」とか、語られていたのは、ほとんどが事実の話ではなくて、それぞれの不満です。

つまり、それぞれが頭の中でつくり出した解釈です。

さらに言えば、あの頃は企業理念も含めて、社員が共感するような理想（わがまま）ができていなかった。

だから理想と現実のギャップ＝問題についても共有できず、まったく議論にならなかったわけです。

要するに、**メンバーが議論を通じて、理想と現実を共有し、事実と解釈を共有し、問題を共有し、原因を共有し、ネクストアクションの有効性をみんなが認識することで、初めて理想を実現する行動ができる**――これが問題解決メソッドなのです。

問題解決メソッドを使った実際の議論の進め方

次ページの図表2の「Discussion5+1」は、問題解決メソッドを使った実際の議論の進め方を表しています。

「問題認識の4象限」を使った議論から始める

議論は、「①理想への共感」を前提として、「②事実の共有」に始まって、「③問題の認識」、「④原因の探求」、「⑤ネクストアクションの設定」と進めていきますが、**図表2の中央に「質問責任」「説明責任」が置かれていることに注目してください。**

質問責任と説明責任は、81ページでも紹介しました。

これらは、議論に参加するメンバーに求められる必須の心がけなので、理想への共感と

［図表2］Discussion5+1

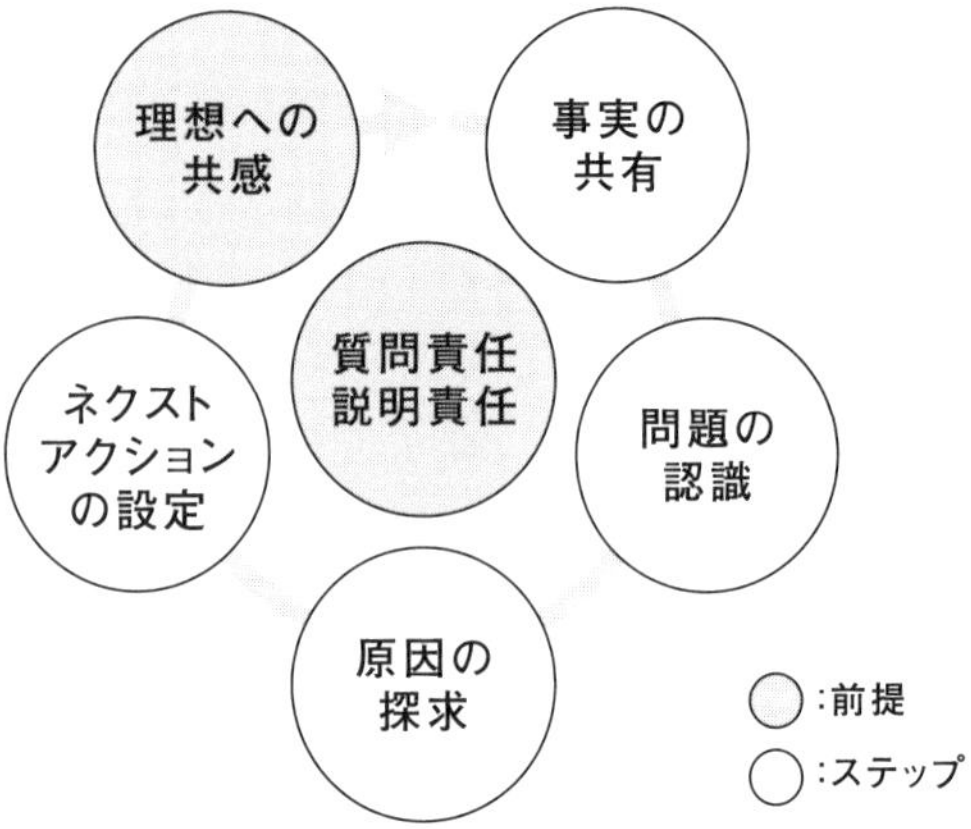

ともに、議論の前提となる大事な要素です。

気になったことやモヤモヤすることがある人が、質問したり意見を言ったりできないまま議論が進んでしまうと、議論の観点に「ヌケモレ」が生じやすく、チーム全体の納得感を高めることもできなくなります。

なので、気になったことやモヤモヤすることがある人には、それを解消する質問・意見を述べる責任があります。

そして、質問・意見をもらった人は相手が納得するまで説明しつくさなければなりません。

お互いが質問責任と説明責任を果たすことで、初めて建設的に納得感を持って議論を進めることができるのです。

もう一つの前提、理想への共感については、繰り返しお話ししてきましたが、大事なポイントですので、改めてここで整理しておきましょう。

そもそも会社で行われる議論とは、「ある理想（わがまま）を達成するためにチームで話し合うこと」です。

議題になっている達成したい理想は、チームメンバーが共感できる上位の理想――そもそも何のために議論をしているのか、なぜその理想を達成したいのか――に紐づいています。

こうした重層的な理想への共感が議論を始める際の前提となります（上位の理想と個人の理想をつなぐ方法論については142ページで紹介します）。

議論中は、理想への共感を確認することも大切になってきます。

たとえば、ある問題を議論していると、複数の問題が絡み合ってきたり、話題が横道に

［図表3］問題認識の4象限（例：人材採用について）

	解釈	事実
理想	採用がうまくいっている	目標：採用人数80名
現実	採用がうまくいっていない	結果：採用人数60名

それてしまったりして、論点整理や優先順位付けができなくなり、収拾がつかなくなることがあります。

そのときに、共感できる上位の理想に立ち戻る――そもそも何のために議論をしているのか、なぜその理想を達成したいのかを確認する――と、うまく軌道修正できるでしょう。

また議論は、事実と解釈を分けるところ、理想と現実を分けるところから始めるのが基本になります。

これは、何が問題かということについて、メンバーみんなが共通の認識を持てるようにするためです。

この4つを確認することの重要性につ

いてはすでにお話ししましたが、それらを分ける際に使われるフレームワークが図表3の「問題認識の4象限」です。

ある問題について、事実・解釈にかかわる情報および理想・現実にかかわる情報のうち、どこかに情報のヌケモレがあると、チームで共通の問題認識を持つことができません。

議論の対象となる事実と解釈、理想と現実を図表3のような4象限の表にして整理してみると、どの象限の情報が欠けているのか――理想が不明確、事実がないなど――を一目で確認することができます。

もし、ヌケモレがあったら、情報や意見を出し合って問題認識を共有するようにしましょう。

原因の深掘りがネクストアクションにつながる

議論の中で、効果的なネクストアクションを見つけるためには、「原因の深掘り」がとても重要です。

深掘りというと、いかにも難しそうに聞こえますが、じつはとても簡単で、「なぜそうなのですか?」という質問を繰り返すだけです。

原因には、それを引き起こす原因が必ずあります。

その原因にもまた別の原因があるので、「なぜそうなのですか?」と重ねて聞くと、どんどん原因が出てきます。

ですので、なるべく網羅的に、かぶらないように原因を挙げてもらいましょう。

たとえば、次のように、原因を深掘りしていって、核心に迫るまで落とし込みます。

○「社内の雰囲気が悪い」

←

○「なぜそう思うんですか?」

←

○「みんなが会議に出席しないから」

←

○「なぜ出席しないんですか?」

○「業務が忙しいから」
　　←
○「なぜ忙しいんですか？」
　　←
○「雑用に追われているから」
　　←
○「なぜ雑用が多いんですか？」
　　←

核心的な原因に迫れない場合には、「他の人はどう言っていますか？」といった違う角度から質問をしてみるといいでしょう。

そして、**たどり着いた核心的な原因に対して、どんな行動をすれば改善できるかをみんなで議論することで、より効果的なネクストアクションを見つけることができます。**

なお、効果的なネクストアクションかどうかは、チームの理想――企業理念など――に照らし合わせて考えることで判断できます。

たとえば、サイボウズの上海オフィスで問題解決メソッドの研修をやったところ、「社用車が欲しい」という理想（わがまま）と「社用車がない」という現実を設定して、「社用車を買う」というネクストアクションを提示したグループがありました。

でも、よく考えれば、「社用車が欲しい」というわがままの上位には「企業理念を実現するための営業活動を効率よくしたい」という理想があることに気づくはずです。

そうすれば、「タクシーを使えばすむんじゃないの？」「本当に社用車が必要なのか？」といった議論になって、「社用車を買う」が本当に効果的なネクストアクションかどうかが判断できるようになるのです。

ネクストアクションにつながる決め方をする

問題解決メソッドを使うのは、最も効果的と思われる「ネクストアクション」を引き出すためです。

ただ、みんなが納得できる決め方をしないと、アイデア倒れになって実行されない可能性があります。

「決める人を決める」のが大原則

納得しやすい決め方といえば、すぐ「多数決」を思いつくでしょうが、サイボウズでは多数決は採用していません。

114ページでもお話ししたように、多数決はわがままの採用を決めるのに向かない方法です。

多数決の一番の問題は、革新的なアイデアが採用されなくなることでしょう。
残念ながら、多くの人が理解できるのは、普通のアイデアだけです。
理解できるアイデアにしか票は集まりません。
多数決だとイノベーションが起きづらくなるのは当然なのです。

サイボウズでは基本的に、プロジェクトのリーダーやチームのマネージャーが判断・決定を下しています。

部署を横断するようなネクストアクションの場合には、話し合っている最中に、よく「ところで、これって誰が決めるんだっけ?」と「決める人を決める」という議論になり、その人選に30分くらいかかることもあります。
多数決よりも手間ひまがかかりますが、そのほうが革新的なアイデアが採用できるし、みんなの納得感も高まります。

また、経営にかかわるような問題でも、社長の青野が「これは営業本部長の権限で決めておいてください」と、ネクストアクションを実行する部署に決定を委ねるケースも多くあります。

基本的には、その問題を管轄するリーダーが決めるという決め方。

つまり、いろんな権限を一カ所に集めるのではなくて、分散・委譲していくのがサイボウズのスタイルです。

チームリーダーに権限が委譲されていないと、メンバーのわがままを叶えてあげることもできないし、自分自身のわがままも叶えられなくなります。

チームに決定権がないような状況では、メンバーはわがままを言っても無駄と思い、どんどんわがままを言わなくなるでしょう。

権限委譲は、わがままを引き出すためにも不可欠です。

仮運用で試してみる

メンバーから出てきたさまざまなわがままに対し、サイボウズでは「とりあえず、やってみる」ことを大切にしています。

青野は、よく**「変わらないものはない。だから企業理念も変わる」**と言っています。

ネクストアクションについても、まず「仮運用」してみて、何も問題がなければ、そのまま続ければいいし、間違ったら、また元に戻せばいいだけです。

どんなに効果的なフレームワークや制度、仕組みであっても、将来的には社員の要望に応えられなくなる可能性もあります。

そのときは当然、変わるべきです。「いい制度だから、これに合わせろ」というのでは、まさに本末転倒でしょう。

たとえば、サイボウズでは働き方について、週5日勤務を前提に、「フルタイム、オフィスで」「子どもが小さいので時短勤務。週2日は在宅で」のように、働く時間と働く場所に応じて9種類の選択肢を用意していました。

ところが、週3日勤務など9種類から外れる働き方を希望する人が出てきて、このままでは多様な働き方が実現できないということで、9種類選択型の人事制度をやめてしまいました。

現在は、もっと細かく分かれていて、曜日ごとにどう働くかを選択して宣言できる形になっています。

こうした改変は、常に現実と理想を照らし合わせて実行されています。人事制度で言えば、社員の実際の働き方や要望という現実と、「多様な個性を重視」という上位の理想とを照らし合わせて検証され、新しい制度に変わっていくのです。

「理想マップ」で企業理念を細分化する

サイボウズでは、図表4のような「理想マップ」というフレームワークを使って、理想や目標、方針にかかわる「全体像」を整理しています。

そうした全体像を把握しておいたほうが、モチベーションが持続しやすくなるからです。

「誰にとっての理想か」を確認する

企業理念は、会社にとっての最上位の理想ですが、あくまでも長期の理想です。

サイボウズでは、「チームワークあふれる社会を創る」という理想を「30年後までに達成したい理想」と位置付けています。

この会社全体の長期の理想を達成するために、中期、短期の理想や目標があるし、各部

［図表4］　理想マップ

適用範囲＼継続期間	1年後	3年後	5年後	10年後	30年後
グループ全体	今期の目標	短期戦略	中期戦略	長期戦略	企業理念
会社					
本部					
部					
個人	**プロジェクト担当** 売上30%UP リーダー、メンバーの心を動かす	**国内営業リーダー** 小チームを任される	**国内営業リーダー** スキルと覚悟	**営業部長** チームから信頼される	世界中の人の心を動かす

- 理想を「適用範囲」と「継続期間」で整理する
- 上位の理想と矛盾しないよう、個人の理想に落とし込む

署や社員一人ひとりの理想や目標もあるわけです。

たとえば、ラグビーの日本代表は「日本開催の19年ラグビーW杯でベスト8に入る」という高い理想を叶えるために、年間240日の合宿を行いました。

その中で、個人的なフィジカル（身体）の強化だけでなく、フォワード陣のスクラムを強化したりバックス陣の連携を強化したり、チーム全体で戦術理解を深めたり、強豪チームとテストマッチをしたりといったことが、本番から逆算したスケジュールで行われていたそうです。

その苦しさを選手たちが高いモチベー

ションを維持しながら乗り越えられたのは、いま自分がやっていることがW杯ベスト8を達成するうえで、どういう位置付けにあるのかをしっかり把握していたからでしょう。

理想マップは、横軸が「継続期間」、縦軸が「適用範囲」です。

継続期間は、1年後・3年後・5年後・10年後・30年後などと、短期・中期・長期に区切って、「どうなっていたいか」を整理します。

適用範囲は、グループ全体・会社・本部・部・個人などと、その理想や目標が「どの対象にとってのものか」を整理します。

大事なのは、上位の理想と矛盾しないように、「30年後のグループ全体」の理想から「1年後の個人」の理想へと、継続期間も適用範囲も順に、落とし込んでいくことです。

社員一人ひとりが理想マップの中に、個人の理想や目標——つまり、わがまま——を書き込むことで、それが、企業理念という会社の最上位の理想に紐づいているかどうかを、しっかり確認することができます。

そのことによって、自分の仕事の目的や意義といったものがより明確になり、モチベーションの維持にも役立つでしょう。

各々の理想は「誰に」「何を言わせたいか」で表す

理想マップのようなフレームワークを使って議論をする際には、理想の表現の仕方に共通のルールがあったほうが、各々が考えている理想をメンバーに伝えやすくなります。

そのため、サイボウズでは、理想を定性的に表現するために「コンセプト」というフレームワークを使っています。

コンセプトとは、「誰に」「何を言わせたいか」のこと。

マーケティングの分野では、「誰に」のことを「ターゲット（対象者）」と呼び、その人に言わせたい「何か」のことを「バリュー（価値）」と呼びます。

つまり、「そもそも誰に、どんな価値を提供したいのか」を明らかにするということです。

まず、お互いの認識のズレを小さくするために、「誰に」を明らかにします。

たとえば、あるツールの開発で、「使いやすい」という理想のコンセプトを考えるとき、上級者にとっての「使いやすさ」と、初心者にとっての「使いやすさ」はまったく異なります。

この「誰に」がズレていたのでは、いつまでたっても議論がかみ合いません。

「誰に」がはっきりしたら、その人に「何を言わせたいか」、あるいは、「何と言ってほしいか」を考えます。

たとえば、初心者のお年寄りに「これならワシでも使える」と言わせたい、というように。

「使いやすい」のような抽象的な表現は、解釈の相違を生み出しやすいため、できるだけ具体的に表現します。

コンセプトが上手に表せるようになると、お互いの理想をイメージしやすくなり、メンバー間、組織間の議論がスムーズになります。

「いつまでに誰が対処するのか」も確認できる

ちなみに、理想マップやコンセプトの枠組みは、何かトラブルが起きたときにも役立ちます。

トラブルへの対処を検討するときにも、「いつまでに誰が対処するのか」という、問題の継続期間と適用範囲を共有していないと、議論が混乱します。

特に会社の会議では、関係ない人まで出席しているという無駄がありがちです。

逆に、開発部門の意見を聞かないと解決できない問題なのに、営業部門だけで話し合っているといった無駄もあり得ます。

こうした無駄をなくすためには、適用範囲を事前に決めておくことが、やはり大事でしょう。

また、コンセプト――「誰に」「何を言わせたいか」――がはっきりしていれば、トラブル解決における理想が明確になります。

たとえば、明日までに担当者がやることを決めるのか、中期の全社的な再発防止策を話し合うのかでは、コンセプトがまったく異なります。

コンセプトを明確にすることで、トラブル解決のためにはどうすればいいのかを各々が主体的に考えやすくなり、現場判断でより迅速にトラブルに対処しやすくなります。

「役割分担ゲーム」でお互いの強み・弱みを共有する

チームワーク総研の社外向け研修では、ここまでお話ししてきた問題解決メソッドなどの説明をした後に、よく「役割分担ゲーム」というワークショップをしています。

自分の弱みを補ってくれる人を見つける

役割分担ゲームは、4人ひと組に分かれて行います。

まず1人ずつ、その人の強み——得意なところや頼りになるところ——を他の3人に挙げてもらい、言われた人はひたすらメモしていきます。

それぞれが他の人に指摘された自分の強みを書いていくので、お互いに褒め合うような形になります。

その後で、自分の弱み——苦手とするところや優柔不断や頑固、短気といった短所——をそれぞれ自分で書いていきます。

人から言われた強みと自分で書いた弱みができあがったら、一番気にしている弱みを選んで、それを補ってくれるタイプを考えます。

たとえば、優柔不断だったら、補い合う人は決断力のある人、積極的な人、行動力のある人といった具合です。

ただし、自分で弱みと感じていても、他の人からはそう思われていないことがよくあります。

たとえば、自分では「頑固」と思っていても、他の人からは「粘り強い」のような強みと思われていることもあるものです。

その場合は、すでに周りの人から強み——得意なところや頼りになるところ——として言われているはず。

そうしたものは除外して考えます。

そして最後に、参加者全員に尋ねます。

自分で優柔不断が弱みと感じている人は「決断力が強みと言われた人はいますか？」とみんなに聞きます。

手を上げてもらい、その人とペアになれば、自分の弱みを補ってくれる人を見つけることができるというわけです。

これが「役割分担ゲーム」です。

このワークショップの狙いは「メンバー同士がお互いの弱みを共有すると強いチームができあがる」という、役割分担の重要性に気づいてもらうことにあります。

チーム内で「これは苦手なので誰かに補ってほしい」と言えることは、自分を助けるだけでなく、結果的にチームワークを高めることになります。

それぞれの弱みがわかっていれば、それを得意な人に任せることができます。

そうすると、必然的にそれぞれの強みで役割分担が決まっていき、みんながチームに貢献できるようになります。

それぞれの弱みを知らないまま役割分担することは、本人にもチームにも決してよい結果はもたらしません。

たとえば、書類をつくるのが苦手と言えないまま、急ぎの書類づくりを命じられる。つい後回しになって、「まだやってないのか！」などと叱責される。チームの仕事に遅れが生じるし、本人のモチベーションも下がっていきます。

書類づくりが苦手と知っていれば、急ぎの作業は頼まないでしょう。むしろ、「書類づくりは苦手だけど、細かな計算が得意だから、その時間で予算の見積もりをやってもらおう」という考え方になるでしょう。そのほうが、チームの仕事は効率化するし、本人のモチベーションも上がります。

役割分担ゲームは、サイボウズの新人研修で必ず行います。そのおかげもあって、サイボウズには、何の遠慮もなく「これ苦手だからやらない」と言い合える文化が根付いています。

その結果、「誰もやらないんだったら、これはなしにしよう」となって、その役割自体が消滅することさえあります。

社外向けの研修で、こうした話をすると、よく「それで通用するんですか」と驚かれます。

でも、「強みを生かして、弱みを共有しよう」というのは、働き方やコミュニケーションに関連して、最近よく言われているので、さして目新しいメッセージではありません。

ただ、具体的な業務というところまで、まだきちんと落とし込まれていないのが現状かもしれません。

だから、びっくりするのではないでしょうか。

第4章

たくさんの「わがまま」で石垣のような組織をつくろう

「公明正大」が新しいガバナンスの形

第1章で、チームメンバーの一人ひとりを石に例え、石垣のような組織を目指そうという話をしました。

石垣のような組織は、個人の変化に応じて全体の形も変わっていくともお知らせしました。

そんな組織をつくっていくうえで欠かせないのが、**「公明正大」**というチームのあり方です。

つまり、**組織を構成する一人ひとりのわがままを徹底的にオープンにしておくことが大切**なのです。

自分の望んでいるキャリアを書き込める「マイキャリ」

サイボウズが社内で使っているグループウェアには、社員一人ひとりが自分の望んでいるキャリアを書き込める「マイキャリ」というデータベースがあって、全社に公開されています。

「こんな仕事をしたい」「ここで働きたい」「3年後にはこうしたい」「異動したい」「こう働きたい」などといったわがままが、すべてオープンになっています。

たとえば、「関西出身なので、そろそろ関西のオフィスで働きたい」と書いておく。それが、大阪オフィスの社員の目にとまり、数カ月後に異動になったケースがあります。

さらに、サイボウズには「体験入部」という、兼務という形で、試しに他部署の仕事をしてみる制度もあります。

そのため、「広報の仕事をしてみたい」と書いた営業部の女性が、2週間後には広報の仕事を兼務し始めたケースも実際にあります。

もちろん、マイキャリの使い方は人によって違います。
ほとんど更新しない人も少なくありません。
それはそれで、まったくかまわない。
それこそが多様性です。

裏返して言うと、マイキャリに希望を登録しない限り、異動や転勤はありません。
会社側から一方的に異動や転勤の辞令が出ることは一切ありません。

先ほどの、営業部の社員が1カ月以内に広報部に異動したケースも、社員がマイキャリに希望を登録して、初めて、営業部のマネージャーと本人が話し合いを始めました。
その後、営業部と広報部のマネージャー同士が話し合い、人事関係の会議が開かれたのち、その結果が速やかに本人に告げられました。

もちろん、異動の希望が叶わないこともあります。

ただしその決定は、あくまでも本人が納得したうえで出されます。

「営業部で広報的な業務ができれば、異動しなくてもいいのでは？」とか「兼務でもいいのでは？」とか、いろいろな提案があって、本人がそれに納得して希望を取り下げるケースも多々あります。

サイボウズのマイキャリでは、「いまの仕事のままがいい」と書いている人も少なくありません。

それはそれで本人の希望なので、会社としては何もしません。

多くの会社では人材育成の意味で、何年かしたら営業から人事に異動させるとか、何年目には地方転勤を経験させるとか、そういう定番のコースがあるでしょう。

サイボウズには、そうした慣習がまったくありません。

あくまでも本人の希望、つまり個人的なわがままが起点になって、すべての人事が行われるのです。

希望が叶うことは、モチベーションに直結します。

異動して別の仕事を経験したいとか、スキルアップすれば給与が上がるとか、スキルが増えること自体がうれしいとか、モチベーションが高まる理由は人によってさまざまです。

いまの部署のままで慣れた環境で働くほうが、モチベーションを維持できる人もいます。

つまり、**本人の希望する働き方ができるかどうかによって、モチベーションは高くなったり低くなったりする**のです。

サイボウズには、出世コースのようなものがありません。

働き方そのものは、会社が決めることではないというのが、サイボウズの考え方なのです。

石垣のような組織をつくるためのインフラ

こういった取り組みが可能なのは、いま誰が何を思っているのか、常にオープンにアクセスできる状態になっているからです。

グループウェアを使って社内にデータベースをつくっておけば、簡単に情報共有できます。

インターネットというテクノロジーが登場する以前は、一人ひとりのわがままを全社に向けてオープンに共有することはできませんでした。

Eメールでも不可能でした。

しかし、ネット上でデータを共有できるクラウドサービスの出現によって、情報共有のやり方は劇的に変わりました。

大きな一枚の風呂敷の中にどんどん情報を入れて、いつでもどこでも広げられるようになったおかげで、石垣的組織づくりが飛躍的にやりやすくなったのです。

組織のつくり方やあり方は、テクノロジーの変化と足並みをそろえて変わるものとも言えるでしょう。

サイボウズはグループウェアの開発を自社でやっているので、石垣的組織づくりがやりやすいように、ソフトウェアをどんどんバージョンアップしてきました。

その、組織づくりの方法やソフトウェアを、他社に対してもどんどんオープンにしていきたいと思っています。

誰が何にいくら使ったのかを全部オープンにするツールも開発しました。

いまは社長の青野の会食費も、誰でもすべて見ることができます。

わがままだけでなく、お金の情報も「公明正大」になっていなければ、多くの人の共感は得られないでしょう。

一昔前と異なり、そういうツールが自分たちで簡単につくれる時代です。

だからこそ、組織を変えていくことができるわけです。

何でもオープンにするというのは、組織のガバナンス（統治）のためでもあります。

社員同士の「相互監視」が効いているので、お金の私的流用とか技術の漏洩《ろうえい》とか、みんなに隠れて陰でコソコソということが、まず不可能です。

多くの会社でガバナンスのために社外取締役を置いていますが、いまのところサイボウズには必要ないと考えられています。

公明正大を担保する仕組みが「情報共有の徹底」

前節で、サイボウズでは「公明正大がガバナンスの要」と紹介しました。

その公明正大を担保する仕組みが「情報共有の徹底」です。

「質問責任」を果たすには、情報が必要

情報が共有されていない場合には、不正がはびこりがちです。

「どうやって決まったんですか?」「誰が決めたんですか?」といった疑問すら出てこなくなって、「決定したことに黙って従う」という、主体性を失った空気に支配されて、不正が温存されます。

しかしサイボウズでは、コミュニケーションがオープンになっていて、かつすべての情報が共有されているので、いわゆる「徒党」を組むメリットがありません。

徒党を組みたくなるのは、自分たちだけが知っている有益な情報が手に入るとか、自分たちに都合のいいように密室で物事が決定できるといったことがあるからでしょう。

オープンな情報共有が徹底されていると、そういうメリットは存在しなくなります。

常に情報がオープンであれば、「この決め方のここがおかしい」「あの人の決定はここが間違っている」などと主体的に疑問を持つことができます。

つまり、「質問責任」を果たしやすくなる。

一方、そういう疑問に対して、決定者はちゃんと説明できなくてはならない。

そう、「説明責任」です。

この「質問責任」と「説明責任」の相互作用によって、「公明正大」は実現されます。

情報共有が徹底され、「公明正大」であれば、説明できない決定者は信用を失い、失脚します。

そのため、不正がはびこることがありません。

また、**情報を共有することによって、社員はどんどん主体的に動くようになります。**

社内で起こっているさまざまな出来事に興味・関心を持って、主体的に考えたり行動したりするようになる。

つまり、徹底した情報共有は社員のモチベーションを高めて、企業理念への参加意識を高める効果もあるわけです。

ちなみに、主体性ということで言えば、サイボウズではチームの飲み会や会社のパーティーなどで、参加を強制することは一切ありません。

参加したい人たちが集まるため、とても盛り上がります。

参加したい人たちだけが集まっているのですから、それは当たり前ですが、「まあ、一応参加しておこうか」といった消極的な気持ちで参加している人も、楽しさに巻き込まれているようです。

強制しないで共感している人だけが集まるから盛り上がるし、そういう飲み会の中にいると、消極的に参加している人にも共感が感染する。

だから、みんな楽しめるのです。

強制したくなるのは、強制する側が、「誰も来なかったらどうしよう……」と怖がっているからではないでしょうか。

数値目標を強制することもそうです。

具体的な数値を目標にしないと「みんながサボるんじゃないか」と怖がっているだけではないでしょうか（数値目標については次節で詳しくお話しします）。

掲げた理想に対する共感さえあれば、強制しなくても大丈夫ということがわかっていないから、強制してしまうのでしょう。

強制しなければ、物事が思い通りにならないという状態は、そもそも共感されていないということです。

そんなことは、飲み会であれ数値目標であれ、誰の幸せにもなっていないのですから、やめてしまったほうがいいのではないでしょうか。

「数値目標」の呪縛を手放してみる

前章で、わがままは多数決と相性が悪いという話をしました。

もう一つ、わがままと相性が悪いものがあります。

それは、数値目標です。

「わがままの良し悪し」は、達成度では測れない

わがままというのは、たえず変化します。

新しい欲望はふっと出てくる。

その瞬間に周りに知らせることができなければ、わがままを実現することはできません。

逆に言うと、経営者なりチームのマネージャーなりは、常に緊張感を持って、社員やメ

ンバーのわがままを見ておく必要があります。

そのため、155ページで紹介したように、サイボウズでは、いつでもどこでも自分のわがままを書き込める、マイキャリのようなデータベースを用意しています。

いまこの瞬間に注目して、みんながわがままを言えているかどうか。その状態を確保することが、リーダーの大事な役割なのです。

わがままを100%達成したという状態はあり得ません。常にみんなの心の中に新しいわがままが生まれているので、いまこの瞬間は100でも、次の瞬間には10に落ちているかもしれない。

つまり、リーダーには達成度を気にしている暇はないし、何か数値目標を設定してそれを測る意味もないわけです。

社員は変わらない何かを目指して会社にいるのではありません。目指すものは変わり続けるものです。

向こう岸がゴールとは限らないのだから、川の何%まで来たかということを測って評価しても意味がありません。

向こう岸に行きたいかすらもわからないのであれば、みんなどこに行きたいのかということを常に問い続けるしかありません。

石垣のような組織をつくるうえで重要なのは、一人ひとりの「いま、この瞬間」に耳を傾けることです。

常に人は動いていて、心も変わっています。

だからこそ、みんなが「いま、この瞬間」に集中しなければならないのです。

社員を数字で管理しない

サイボウズの社員は「数字」で管理されていません。

そんなことよりも、マイキャリを利用して**自分がやりたい仕事をやっている人がどんどん増えるほうが、個人的にも会社全体としてもモチベーションが上がっていく**と考えています。

たとえば、「みんなが幸せになるものをつくろう」という企業理念の会社なのに、「売り上げ100億円を目指そう」というチームの目標を掲げる。

それだと、「売り上げを達成するためなら、みんなを不幸にするものをつくってもいい」となってしまうでしょう。

サイボウズであれば、常に、それは「チームワークあふれる社会を創る」という企業理念に関連することなのかと、個人的にも考えるし、メンバー同士が議論します。

これはイエスとかノーとか、なかなかひと言では答えられない種類の問いかけです。

けれども、そうした大きな理念に立ち返って考えたり議論したりすることで、次のようなものが排除できます。

○「好きだ、嫌いだ」といった感情的で、解釈まみれの判断や議論
○「いままでこうだったから、そうしよう」といった安易な前例主義
○「トップが言っているから従うしかない」といった無責任な権威主義

たとえば、社長の青野が提案していても、まったく動いていない案件というのがいくつ

かあります。
もちろん、社員が無視しているのではありません。
社員は「質問責任」を果たしているし、青野も「説明責任」を果たしています。
それでも動かないのは、なぜか。
その提案が「共感を得られていない」から、というのが答えです。

「前向きな撤退」という選択肢も持つ

もちろん、サイボウズでもさまざまな業績が数値化されています。
そういう数値はすべてオープンになっているし、経営陣も社員もちゃんと見ています。

数値の達成度で評価しない

けれども、みんな、その数値にとらわれていません。

たとえば、社長の青野が毎年、事業戦略のスローガンを発表しています。
最近では「US Jump!」。
「この3年間で、アメリカ市場で成果を出したい」というものです。
ですから、営業部門なら当然、日常的にアメリカでの売り上げなどの数値の話が出ます。

でも、**数値がいいから○、数値が悪いから×、そんな単純な評価はしません。**

つまり、アメリカでこの数値が達成できたら、長時間労働を強いられたメンバーが病気になろうが、会社を辞めていこうが関係なく、プロジェクトリーダーが評価されるという形にはなっていないわけです。

繰り返しになりますが、サイボウズは「チームワークあふれる社会を創る」という企業理念を掲げています。

病人が出たり脱落者が出たりする会社が、チームワークにあふれる会社と言えるでしょうか。

やはり、社員みんなが幸せな状態でありたい。

だから、数値目標を持っている営業部門のプロジェクトリーダーは、社長の青野に対して「このままだと病人が出るので、この数値は達成できません。青野さん言いましたよね、みんな幸せでいろと。だからアメリカから撤退します」とさえ言えるし、それで評価が下がることはないのです。

もしかしたら、「数値で評価しなかったら、でたらめなことを言い訳にして、サボる人が必ず出てくる」といった懸念もあるかもしれません。

しかしそれは、質問責任と説明責任を誰も果たさなかった場合の話です。

そのような懸念を払しょくするためにも、161ページでお話しした「情報共有の徹底」は大切です。

「公明正大」なチームであれば、でたらめな言い訳は防げます。

チームの理想に照らして議論をする

サイボウズには、進んでいたプロジェクトを中止したという事例がたくさんあります。

みんながそれを見てきているので、仕事を途中であきらめることにもあまり抵抗感がありません。

ただし、どれも「前向きな撤退」です。

前向きというのは、要するに「チームワークあふれる社会を創る」という理想に向かうためにどうしたらいいのか、という視点から考えるということです。
その理想と照らし合わせて議論する中で、やめるという選択をしてきました。

つまり、**チームの中で一つの仕事をあきらめるかどうかを判断するときには、チームの理想に向かっているのかどうかが必ず判断の基準になる**のです。

たとえば、「お客さまをもっと笑顔にしたい」という理想を掲げている営業チームが、これまで内部でやっていた資料づくりを外部に依頼するという場合。
資料づくりに追われて、お客さんとコミュニケーションする時間が減っているというのであれば、外注したほうがもっとお客さんと接する時間が増えて、お客さんを笑顔にできるだろうといった判断になるでしょう。

数字そのものよりも、数字が持つ意味のほうが大事

数字そのものよりも、「数字の裏側にある意味」のほうが重要とも言えます。
サイボウズでは、あらゆる業務において、常に「望んでいることとは、本当にこれなの

か」「それはなぜなのか」といった問いを立てることを大事にしています。

たとえば、1000人集客が目標のイベントで50人しか集まらなかったという場合。結果の数値を見ないわけではないけれども、1000人達成したからそれで本当にいいのか、という疑いが常にあるわけです。

1000人だったけれど狙いとは違うお客さんばかりだったとか、50人だったけれど狙い通りのお客さんばかりだったといったことがある。

つまり、本当にやりたかったことを、一部の数値で表現したり評価したりすることは、そもそもできないということです。

いまサイボウズの離職率は4％です。

よく「とてもいいですね」と言われますが、4％がいい数値なのかどうかはわからない、というか、数値を評価すること自体に意味がない。

それよりも、サイボウズを去った人がにこやかに辞めていったのか、つらい顔で辞めていったのか、気にしているのはそういう事柄です。

それによって4％の意味はまったく違ってくるのです。

すべての情報は、持ち寄って話し合うためにある

お互いが持っている情報を持ち寄り共有して、議論することで、最も建設的に問題を解決することができます。

ここでいう情報には、もちろん、各自のわがままも含まれます。

密度の濃い情報共有が助け合いを可能にする

「オンライン上での情報共有の密度の濃さ」は、サイボウズの大きな特徴です。グループウェアを開発・販売している会社なので、当たり前と言えば当たり前かもしれませんが、社長だけが知っている情報はほとんどなく、全社員にあらゆる情報が公開されています。

会議の議事録や営業の案件管理、部活動の報告、近隣のお得情報や社員のつぶやき、イベントの実況中継など、仕事に関係あることからないことまで、ありとあらゆる情報がオンラインで共有されています。

しかも、コメントや「いいね！」を付け合って活発にやり取りをしています。まさにツイッターのタイムラインのような状態で、社員には常に何かしらの通知が来ています。

多くの会社では、入社してからその会社の文化を知るまでに、半年〜1年ほど時間がかかるのではないでしょうか。

席の近い同僚と少しずつ仲良くなって情報収集していき、仕事の進め方や社内の慣習などをだんだん知っていくという具合です。

一方、サイボウズでは、オンライン上のやり取りを読んでいるだけで、「この会社ではこういうことが重視されるのか」とか「こういうケースはこんな結論になるのか」といったことが、1カ月ほどでわかります。

なぜなら、オンライン上でやり取りされている会話が、この本で紹介しているような「理想と現実」「事実と解釈」「説明責任と質問責任」「コンセプト」といった共通言語で行われているからです。

つまり、**グループウェアは高速で会社の文化を学習する装置でもある**のです。

口頭で話したことも、1対1のコミュニケーションで終わらせるのではなく、必ずオンライン上に書き込むようにしています。

オンラインに情報を残しておけば、どの部署や拠点にいても、全社員がさまざまなノウハウを共有できるからです。


こうした密度の濃い情報共有によって、新人もベテランも、部署も拠点も関係なく、いざというときの助け合いが可能になります。

よく「同じ釜の飯を食った仲」などと言いますが、**チームワークを発揮するためには、場所や時間を共有するよりも、情報を共有することのほうが重要**というわけです。

リーダーが最もやってはいけないこと

だからといって、いきなりすべての情報を共有できない場合もあるでしょう。

もちろん、この通り真似してください、と言いたいわけではありません。できることからでかまいません。

それでも強調したいのは、情報共有の大切さです。

繰り返しになりますが、**情報共有の徹底こそが公明正大な組織を可能にする**からです。

リーダーが最もやってはいけないことは、情報を隠すことです。

現場のメンバーに「情報をくれ」と言うくせに、自分は情報を一切出さずに判断・決定するというリーダーには、必ず不満が出ます。

メンバーの共感を得て、モチベーションを維持するためにも、「私が持っているこの情報と、あなたが持っているこの情報を合わせると、ここが問題だね。じゃあ、こうすればいいんじゃないか」といった、協働して答えを探す対話がとても大事です。

すべての情報は、持ち寄って話し合うためにあるのです。

リーダーが答えを持っている必要はありません。

というよりも、**「リーダーが答えを持っている」と勘違いさせるような態度は、メンバーの主体性を奪ってしまう原因になりえますので、おすすめできません。**

リーダーが率先して情報を出す情報共有の場がない限り、こうした勘違いが放置されます。

「あいつはすぐに聞きにくるから使えない」とか「あの人は教えてくれないからダメだ」といった不毛なレッテル貼りが続き、いつまでたってもチームワークは発揮されません。

役職が上の人ほど、「こうすればいいいんじゃないの?」と提案したことがひとり歩きしがちなので、注意が必要です。

本人がアイデアレベルで言ったつもりでも、「そうすべきだ」という答えになって伝わっていく……。

情報共有の徹底を心がけているサイボウズでも、時折、こうした問題は起きています。

リーダーがチームメンバーの主体性を奪ってしまっては、いつまでたっても、石垣のような組織にはなりえません。

ですから、リーダーは、みずからの発言が「そうすべきだ」と伝わっていないか、常に気を配る必要があるのです。

人と向き合うことを面倒くさがらない

サイボウズが提供する企業向けの研修で、情報共有の重要性についてお話しすると、多くの参加者が「その通りだ」と賛同してくださいます。

けれども実際には、経営層にすごく抵抗感があるなどして、会社全体としてあらゆる情報をオープンにできるかというと、結局、「うちでは無理」となってしまいがちです。

情報共有は「お互いのことを知る」から始まる

でも、そこで終わってしまっては、もったいない。

たとえば、あなたがチームリーダーであれば、自分のチーム内で情報を共有することなら今日からでもできるはずです。

自分の仕事の進行状況や近隣のお得情報などといった、難しくない情報からでかまいません。

リーダー一人で抱え込むよりも、リーダーもメンバーもお互いの情報持ち寄って、膝をつき合わせて話し合ったほうが、リーダーの負担も減るはずです。

もちろん、グループウェアがあろうがなかろうが、まったく関係ありません。

じつは、98ページで紹介したチームワーク5カ条の「理想をつくる」にしても、「役割分担する」にしても、「あなたは何がしたいの？」とか「あなたは何が得意なの？」といったコミュニケーションを重ねて、お互いのことを知るという、いわば情報共有です。

もしすでに、チームのみんなが理想や目標、方針に共感していて、その進め方にもすべて納得していたら、話し合う必要はないかもしれません。

でも、そんな状態はまずあり得ません。

必ず誰かが「モヤモヤ」を抱えています。

情報共有が徹底しているはずのサイボウズでさえもそうなのですから。

だからこそ、お互いの情報をちゃんとオープンにして共有して、徹底的に話し合う。そんな泥臭いコミュニケーションがなければ、チームワークは発揮されない。言い方を変えれば、**チームワークを発揮する入口は、日々のコミュニケーションとも言えます。**

これまでメンバーとのコミュニケーションに時間を割いてこなかったリーダーは、「いまさら面倒だ」と思うかもしれません。

でも、その面倒をやり過ごしてきたから、チームの中でさまざまな問題が起きているのではないですか？

サイボウズも、社内の制度や仕組みを変えて、さまざまなフレームワークを使って、泥臭いコミュニケーションを続けています。

もはやサイボウズの文化になっている「質問責任」と「説明責任」も、一見、スマートな「理論」のように思えるかもしれません。

重要なのは、「人の話をちゃんと聞いて、ちゃんと話す」という、コミュニケーションの基本を怠らないことです。

その根本にあるのは、「人と向き合うことを面倒くさがらない」という、かなり泥臭い考え方なのです。

「必ず疑問に答えてくれる」という安心感が重要

「誰も意見を言ってくれない」と悩んでいるチームリーダーも少なくないでしょう。

でも、**「意見が出ない」というリーダーの悩みの裏には、当然ながら「意見を言えない」というメンバーの悩みがあるはずです。**

「質問責任」と「説明責任」というコミュニケーションのルールは、81ページでもお話ししたように、意見を言えない状態をなくすためにあります。

質問責任は、「モヤモヤしたことは必ず聞かなければならない」というルールであり、もっと言えば、「この人なら答えてくれそうだという人に必ず聞かなければならない」ということです。

聞かれた人には「説明責任」が生じます。

「聞かれたことには誠実に答えなければならない」というルールですが、「自分ではわからない」という場合には、わかっていそうな人に、質問者と一緒に尋ねに行かなければなりません。

これが説明責任のルールです。

900人ほどが働くサイボウズでは、レポートライン（指揮命令系統）の2〜3人目には社長に行きつきます。

そのため、最終的には社長に説明責任が生じる形になります。

もちろん、社長は誠実に説明責任を果たさなければなりません。

こうしたやり取りが繰り返されると、「必ず疑問に答えてくれる」という安心感が湧き、信頼関係が生まれます。

お互いが誠実に質問責任と説明責任を果たすことで、コミュニケーションの安心・安全が保たれ、意見を言い合うハードルが確実に下がります。

加えて大事なのは、そのやり取りがちゃんと「見える化」されていることです。

「あんなこと言っていいんだったら、私だって」という相乗効果が生まれて、会社全体でどんどん議論が活発になっていきます。

逆に、説明すべき人に軽くあしらわれたり無視されたりしたら、その人は二度と質問しなくなるでしょうし、1対1のやり取りだけの閉鎖的なコミュニケーションに終始していたら、安心感はまったく広がっていかないでしょう。

こうしたやり取りは、手間ひまがかかって面倒なものですが、質問は仕事に関係あるものがほとんどです。

そのためサイボウズでは、一つひとつの質問に誠実に対応することを、いま自分がやっている作業よりも優先してよいというルールになっています。

質問責任と説明責任を実直に果たすことは、一見、効率を悪くするようにも思われますが、必ず業務改善などにつながるので、結果的には会社全体に効率化をもたらすのです。

やりたいことを全公開にすれば、「心理的安全性」が増す

異動の希望を書き込む「マイキャリ」のような仕組みを導入する場合、誰でも閲覧できる「全公開」に抵抗を感じる人が少なくないと思います。

終身雇用・年功序列という前提が崩れた

じつはサイボウズでも、数年前までは経営陣と人事だけがアクセスできるという限定的な公開でした。

「いまの上司に不満を持っているから、異動したいと言っているのでは？」と、上司や他の人に思われそうといった心配や抵抗感があったのです。

でも、実際に全公開にしてみたら、一目で「みんな平気で書いている」ということがわ

かつて、一気に安心感が広がって、誰もが気軽に書くようになりました。

逆に、「そんなにこのチームが嫌なのか」といったことを気にする上司もいませんでした。

上司と部下の関係で言うと、かつては「子飼い」とか「派閥」とか、終身雇用・年功序列的なあり方を前提にした人間関係や力関係がありました。

そこに入っていたほうが安心できると、みんな思っていたわけです。

ところが今日では、終身雇用・年功序列がどんどん崩れていきます。

そのため、特に若い人たちは「どうせ先に会社からいなくなる人の子飼いになってもしょうがない」「派閥に入っても何の意味もない」と思っています。

密室で上司に会ってこっそり相談するといったことが、いかにもバカバカしいことだと感じている。

つまり、もはやそこに安心感はなく、**「密室よりも全公開のほうが心理的安全性は高い」**というのが今日的な状況なのです。

チームワークがよければ、「効果・効率・満足・学習」が得られる

そもそもチームワークの良し・悪しは、どんな観点から評価したらいいのでしょうか。

何を重視するかで、チームの理想や運用も変わる

チームワークの質と革新的なプロジェクトの成功について研究したドイツの学者、ホーゲルとゲムンデンによれば、チームワークのアウトプットには、次の４つがあるといいます。

①効果
②効率
③満足

④学習

①の効果は、理想や目標を達成している・していないという結果に対する評価です。
②の効率は、時間や手間が省けているかどうか。
③の満足は、「このメンバーで活動していると楽しい」「このチームの一員でよかった」など帰属意識にかかわる満足度からの評価です。
④の学習は、チームの活動や、メンバーやリーダーとのコミュニケーションを通じて自分のスキルが上がっているかどうか。

チームワークがよければ、この4つの成果が出せるというわけです。

よい結果が早く出て、このメンバーで楽しかったし、自分もスキルが上がったと、4つすべてそろうのが理想です。

けれども、よい結果が出なかったとしても、このメンバーで楽しかったとかスキルが上がったとか、そういうケースもあるでしょう。

ビジネスのチームでは、①効果と②効率ばかりを求めがちですが、じつは、③満足と④

学習も、それと同じくらい、いやそれ以上に重視していいチームワークの成果です。

このチームで①〜④のうち何を大事にしたいのかを考えることは、先に説明した「理想づくり」と密接にかかわってくるし、それによって、チームの運用も変わってきます。

チームワークの4要素のどれに重きを置くのか。

「よい結果を出したい」という①効果か、「効率よく仕事がしたい」という②効率か、「メンバーを楽しくしたい」という③満足か、「メンバーに学んでほしい」という④学習か。

もちろんその選択は、リーダーが一人で決めるものではなく、リーダーとメンバーそれぞれが何を求めているのかという、さまざまな意見——わがまま——を議論することによって判断・決定すべきものなのです。

増やしたいのは、わがままに共感してくれる仲間

サイボウズの石垣は、いま全国的に広がっています。
大阪や松山に拠点ができて、福岡にもできました。

どこも社員が「ここに行きたい」と希望したからできただけで、いわゆる会社の命令による転勤ではありません。

一緒にやりたいという人が出てくるまで待つ

社長の青野が「次はあそこがいいんじゃないか」と耳元でささやくことはあります。
たとえば、青野は数年前から「北欧に拠点があったらいいと思わないか」と提案し続けています。

ところが、「いいですね」と共感して、「行きたい」と手を挙げる社員がまだ出てこない。

そのため、いまだに実現していません。

普通の会社であれば、社長命令で北欧転勤が即決まるでしょうが、「共感なく嫌々やらせるのは犠牲を強いること」というのがサイボウズの文化です。

ですから、それはあり得ない。

ようやく最近になって、「北欧に出張したい」という社員が出てきて、北欧出張の許可が出せたことで、青野も少しホッとしている状態ではあるのですが。

青野は、**自分のわがままを社員だけでなく、社外の人も含めて、いろんな人に伝えています。**

もし、経営者としての彼のわがままが「会社を大きくしたい」ということであれば、情報を出さないほうが何かと有利でしょう。

けれども、青野の理想はそうではない。

企業理念として示しているように、「チームワークあふれる社会を創る」ことが、彼の最終的なわがままです。

そのためには、そのわがままに共感してくれる仲間をどんどん増やしていく必要があります。

だから、徹底的に情報をオープンする。

公明正大にわがままを伝えて、いつも仲間を募っているのです。

組織の維持よりも、チームでできることを優先する

第3章で、チームワークを発揮するためには「役割分担」が重要と述べましたが、じつはサイボウズでは、前節でもお話ししたように、**「手を挙げた人に任せる」が基本**です。やりたいことをやるほうがモチベーションは高まるだろうし、新しくチャレンジする仕事にしても、より自立的に動けるからです。

そして、それを可能にしているのが「振り返り」と、その後の情報共有の徹底です。

振り返りで「できること」と「できないこと」をあぶり出す

チームのリーダーは、手を挙げた人に任せた後、「苦手なんだろうな」「すごく頑張っているな」「とりあえずできそうだから、ま、いいか」といった具合にメンバーの動きを見ています。

そして、ひと区切りついた「振り返り」のタイミングで、「こうしてほしかった」「ああすればよかったんじゃないか」などと、必ず本人にフィードバックします。

リーダーとメンバーが「どこがやりにくくて、どこが楽しかったか」などと一緒に振り返りをすれば、メンバーの苦手と得意がより明確に共有できるでしょう。

「今後もやりたいと思うか、もう勘弁なのか」をちゃんと確認し合うことも大事です。

そうした振り返りの中で、メンバーの「やりたいこと」や、リーダーの「やってほしいこと」が変わることもあり得ます。

本人がやりたいと思った仕事であっても、実際にやってみたらうまくできなかったというパターンもあります。

そのときには、振り返りの中で、「この仕事ではうまくいかなかったけど、あの仕事ならうまくいくかもしれない」などと、お互いに話し合ってみる必要もあるでしょう。

人には、必ず得意なことがあります。

ですから、リーダーは一つの仕事で「使えないやつ」などとレッテル貼りをしてはならない。

たまたま苦手なことをしたからうまくできなかっただけと考えて、その人の得意なことを引き出すようにしましょう。

大事なのは、本人が「何が得意で、何をしていたらイキイキとしているか」を自覚することと、リーダーも含めてメンバーみんながそれを把握することなのです。

サイボウズが「あきらめのいい組織」に変わった理由

振り返りでもう一つ大事なのは、その仕事がうまくできたときに、本人が「何%の力でやったのか」ということです。

毎回100%の労力をかけていたら倒れてしまいます。振り返りの中で、そこをちゃんと話し合っておきましょう。

170ページで、サイボウズでは「前向きな撤退」もあるとお話ししましたが、毎日残業しないと終わらないような仕事もあきらめています。

過去には、ものすごい数のバージョンアップ依頼にすべて応えようと、遅くまで残業したり休日出勤したりして、倒れそうになりながら、ギリギリで仕事をこなしていた時期もありました。

その結果が離職率28％でした。

そうした反省もあり、サイボウズの中で「仕事をあきらめる」という選択肢ができていきました。

それまでは、無理をしてでもやろうとしていました。

社員に余裕がない状態というのは、会社に余力がないということです。

そんな組織の競争力が高まるはずもありません。

サイボウズチームワーク総研は、２０１７年に立ち上がったいわば新規事業ですが、チームワーク総研の中で、フルタイムで働いているメンバーは、いまのところ2割です。

残りの8割は、兼務や時短、複業で参加しています。

かなり「ぬるいチーム」と言えるでしょう。

「新規事業なのに、あり得ない。最大限のリソース（資源）を投入しなきゃ」などと思う人がいるかもしれません。

でも、「だからいい」というのがサイボウズの考え方です。

つまり、理想を掲げてどんなに共感を得ても、「いまのリソースだと無理だよね」とあきらめるわけです。

社員の労働時間というリソースを最大限に使えばできるというとき、サイボウズではそれをやらずに、あきらめます。

そして、**みんなが無理をしない実現可能な範囲に、新規事業の理想のほうをつくり直す**のです。

「志が低い、甘い」と呆れられそうですが、人が疲弊していなくなって、組織が維持できなくなったことがあり、仕事で無理してよかったことが一つもなかったことを、サイボウズは痛いほど経験しています。

だから「あきらめのいい組織」に変わりました。

社長の青野が一番変わったかもしれません。

青野は「死ぬまで働くのが本望の人」でしたが、第二子の育休を取るかどうかのときに、自分の人生の理想をよくよく考えて、家庭と仕事の両立に限界を感じて、仕事より家庭が大事となったのです。

そのときから明確に、社員に無理を求めなくなりました。

なおかつ、社員に**「人生の理想は何か、わがままは何か」**と問いかけるようになったのです。

会社は企業理念を実現するための「フラスコ」に過ぎない

仕事をあきらめることで、「そのぶん、仕事をしない人が増えるのではないか」という心配もあるかもしれません。

第1章で、2011年11月ごろにクラウドサービスを開始して、再び売り上げを伸ばすことができたのは、少人数のわがままのおかげと紹介しました。

じつは、ある事業が大失敗に終わったので、しばらくその開発チームの手が空いてしまい、特定の仕事もなくぶらぶらしているような状態でした。

ただし、それをきっかけにリーダーがクラウドの研究開発に時間を割き始めて、程なくして手が空いていたメンバーが参加するようになりました。

結果的に、サイボウズは非常にスムーズにクラウドサービスへとビジネスモデルを転換できたわけです。

手が空いていてぶらぶらしている人がいるくらいの余力がある組織じゃないと、イノベーションは起きない——これは、決して結果論ではないと思います。

「チームワークあふれる社会を創る」という企業理念に共感している以上、たとえ手が空いている状態でも、その実現のために、自分は何をしたいのか、何ができるのかといったことを考えているので、いわばサボっている状態はあり得ません。

またサイボウズでは、「公明正大」という文化が浸透していることも大きいでしょう。

一人だけサボっている状態というのは、自分でも許せないし、周りからも許されません。

その意味では、サボっていると居心地が悪い。

その結果、一時的にぶらぶらすることがあっても、早晩、自分の仕事を見つけたり何か新しい仕事を生み出したりするわけです。

大切なのは、企業理念に向かっていまできることを常に考え続けることです。

会社という組織は、あくまでも、社員が共感する「わがまま」——企業理念——を実現するために存在するフラスコ（化学反応を起こすための入れ物）に過ぎないのです。

私たちサイボウズチームワーク総研は、社員が共感する「わがまま」を実現できる会社が増えたらいいなと思っています。

そして、社員一人ひとりの「わがまま」が自由に、公明正大に言えるチームが増えたらいいなと思っています。

なぜなら、そんな、チームワークあふれる会社こそが、さまざまな課題が多いこれからの日本社会を変えていくと信じているからです。

おわりに

――あなたの「わがまま」は誰かを救う

サイボウズチームワーク総研　なかむらアサミ

サイボウズの創立20周年にあたる2017年、サイボウズが試行錯誤し蓄積してきたさまざまなチームワークの改善策を企業・組織のみなさまにお伝えするために、サイボウズチームワーク総研は設立されました。

サイボウズチームワーク総研が立ち上がってから、さまざまな業種の企業や組織の悩みを聞くようになりました。

その中でも多いのが、「意見が言えない／若手や周りが意見を言わない」という悩みです。

現在のサイボウズに慣れてしまった私たちとしては、あまりにも同じ悩みが多いことに驚きました。

しかし、思い返してみれば、サイボウズも15年前は同じ状態でした。

一方、さまざまな企業や組織でコンサルティングやプロジェクトを進めていく中で、参加した方々が〝素直な心からの気持ち〟を発言した際に、「言ってみたらすんなり通った」「誰も反対しなかった」という声が多く出るのも、また事実です。

私たち日本人の癖として、勝手に空気を読んで、「これは言ってはいけないのでは」と、みずからが「壁」をつくっていることも多いのだと、学ばされました。

いま、みなさんの職場ではいかがでしょうか？

あなた自身が〝素直な心からの気持ち〟を発することができているでしょうか？

勝手に「壁」をつくっているということはありませんか？

じつは私自身も、サイボウズに入ったときは、「わがままなんて言ってはいけない」と強く思っていました。

でも、入社から1年が経った2007年ごろ、人事部の一員だった私もかかわり、「働き方を選べる制度」をつくったことが転機となりました。

みずからも「働き方を選ぶ」を実践してみようと思ったのです。

私は、育児でも介護でもなく、大学院に行って学びたいという自分の「わがまま」で、週4日勤務にしてみました。

ほんの思いつきで、学びたいと思ったのがきっかけでしたが、いざその「わがまま」を通そうとすると、自分がしていた仕事の一部を周りに担ってもらうような状況も生まれ、当然ながら「迷惑をかけている」と思いました。

『わがまま』を貫くって、大変なことなんだ」と痛感しました。

と同時に、「やる以上はちゃんと貫き通そう」とも思いました。

私がモデルケースとなって、自分の「したい」で働き方を変える人が出てきやすくなるように、と、自分のわがままを勝手に使命感に置き換えて乗り切りました（笑）。

言ったことをやり抜く大変さは、当然ながらあると思います。

でも、第1章でお話ししたように、世の中の新製品やサービスの多くは、「わがまま」から生まれています。

「あなたの『わがまま』は誰かを救う」――。
私たちはそう信じています。
そして、この思いに共感してくれる人たちを応援したいと思っています。

本書が、もしかしたら自分で勝手に壁をつくっているだけなのかも、と少し前向きに思うことのきっかけとなり、それぞれのチームのメンバーとともに〝素直な心からの気持ち〟を発言しても許されそうな雰囲気をつくっていくことの一助となれば幸いです。

［監修者］

青野慶久（あおの・よしひさ）

サイボウズ株式会社代表取締役社長。1971年生まれ。愛媛県今治市出身。大阪大学工学部情報システム工学科卒業後、松下電工（現・パナソニック）を経て、1997年、愛媛県松山市でサイボウズ株式会社を設立。2005年より現職。社内のワークスタイル変革を推進し離職率を7分の1に低減するとともに、3児の父として3度の育児休暇を取得。総務省、厚労省、経産省、内閣府、内閣官房の働き方変革プロジェクトの外部アドバイザーや一般社団法人コンピュータソフトウェア協会の副会長を歴任。著書に『チームのことだけ、考えた。』（ダイヤモンド社）、『会社というモンスターが、僕たちを不幸にしているのかもしれない。』（PHP研究所）などがある。本書では、全体の監修のほか、主に第1章「一人ひとりの『わがまま』がチームを強くする」を担当。

［著者］

サイボウズチームワーク総研

「チームワークあふれる社会を創る」を企業理念とするサイボウズが試行錯誤し、10年以上にわたり蓄積した自社のノウハウをメソッドとして提供しています。自社事例を元にした学びの場と実践する場を、講演、企業研修、組織コンサルティングサービスとして提供し、組織の課題解決の支援をしています。

松川　隆（まつかわ・たかし）

チームワーク総研シニアコンサルタント。銀行、広告代理店、テニススクール経営という異色のキャリアの持ち主。本書では、主に第2章「チームで『わがまま』を言う練習をしよう」を担当。

青野　誠（あおの・まこと）

チームワーク総研研究員。人事本部部長を務めながら、採用・育成・制度づくりの業務を行うプレイングマネージャー。本書では、主に第3章「みんなの『わがまま』の交通整理をしよう」を担当。

なかむらアサミ

チームワーク総研シニアコンサルタント。サイボウズがチームワークと言い始めた当初から一貫してチームワークに関する活動に携わっている。本書では、主に第4章「たくさんの『わがまま』で石垣のような組織をつくろう」を担当。

「わがまま」がチームを強《つよ》くする。

2020年5月30日 第1刷発行

監修者　青野慶久
著者　サイボウズチームワーク総研
発行者　三宮博信
発行所　朝日新聞出版
〒104-8011 東京都中央区築地5-3-2
電話　03-5541-8814(編集)　03-5540-7793(販売)
印刷所　大日本印刷株式会社

Published in Japan by Asahi Shimbun Publications Inc.
ISBN978-4-02-331870-0